戦略のための戦術

CORE8 日本の法務部門の場合

日本版リーガルオペレーションズ研究会　著

商事法務

Introduction

　本書は、日本版リーガルオペレーションズの策定に関わった現役の法務パーソンが、その背景と内容を示すものである。本書の成立過程についてあらかじめ触れておきたい。

　リーガルテックなどのテクノロジーの進化の波が日本にも押し寄せてきたのは、2015年ごろではないかと思われるが、新型コロナ前の2019年には、空前のブームを迎えようとしていた。折しもいわゆる企業内法務業務について、従来型の職人型から、もっと組織だった形にすべきではないかという意見が出されていたし、日本の企業内法務部門にも、弁護士有資格者が年々増加し、法務組織の人員自体も増加してきていた。

　米国では、ACC（Association of Corporate Council）や、CLOC（Corporate Legal Operations Consortium）などにおける Legal Operations の議論が盛んであるが、それらが日本においても知られるようになっていた。しかしながら、その内容は、やはり米国などをベースとするもので、法文化やいわゆる法務部門の役割やキャリアの違い、そしてその所管する業務の差異などから、そのまま導入するのは困難であるという認識もなされていた。

　そのような中、日本組織内弁護士協会（JILA[1]）において、リーガルオペレーションズ研究会が組成され、活発な議論が開始された。ただ、あくまで企業内弁護士による研究であったことから、経営法友会[2]の幹事や運営委員などを務めていた経験のある有志

1　日本組織内弁護士協会は、組織内弁護士およびその経験者によって2001年に創立された任意団体。組織内弁護士の現状について調査研究を行うとともに、組織内弁護士の普及促進のためのさまざまな活動を行っている。

2　経営法友会は、企業における法務部門の充実強化を目的として1971年に創立された任意団体。法務部門の組織・運営等について会員相互の意見

ii ■──Introduction

やリーガルテックの導入に積極的な企業内法務の担当者など、経験値や所属する企業などの多様性に富んだメンバーで2021年に「日本版リーガルオペレーションズ研究会」を立ち上げ、議論を積み重ねてきた。「日本版リーガルオペレーションズの8つのコア」NBL1191号（2021）を公表し、同年12月にそれぞれのコアを解説するイベントを開催し、その概要を紹介した。

　その反響はわれわれ研究会メンバーが想像するよりも大きなものであり、賛同される各社へのインタビューも実施した。

　その後は、研究会メンバーの多忙さから、目立った発信活動は行っていなかったところであるが、日本版リーガルオペレーションズの波は止まることがなく、各リーガルテックのベンダーのセミナーや、各社の取組みにおいて、日本版リーガルオペレーションズのコア8は語られ続けてきた。そのような中で、いったん研究会としての現在地と将来像を書籍という形で世に問うことで、さらなる実践へという次のステージに向かおうということになった。

　本書は日本版リーガルオペレーションズの8つのコア（①戦略、②予算、③マネジメント、④人材、⑤業務フロー、⑥ナレッジマネジメント、⑦外部リソースの活用、⑧テクノロジーの活用）について詳細に紹介するものである。それらコアを語るにあたっては、背景となる実務の状況・変遷を描き出しながら、法務部門の営みに関する調査結果を丹念に跡付けるとともに、各コアに関する事項

交換を行い、わが国企業における法務部門のあり方を追求している。本書で引用される「経営法友会リポート」はその会報誌である。

3　経営法友会が5年に1度実施している法務部門の実態調査。本書は主に、2020年に実施され2022年に公表された「第12次調査」の結果を分析した米田憲市編、経営法友会法務部門実態調査検討委員会著『会社法務部　第12次実態調査の分析報告』に依拠しており、同書を「**法務部門実態調査**」あるいは単に「**実態調査**」と引用している。

を論じた雑誌論文・書籍を紐解くという試みをしている。また、コアによっては、法的実務を経営課題との関連において把握するのに相応しい思考の型を経営理論・経営実務の名著・定番書に求めていることも、本書の特色といえるだろう。

なお、本書は共著という形をとっているが、各章における文責は、それぞれの執筆者にある。また、それぞれの執筆者の個人的な意見であり、所属する企業とは関係ないことを付言しておく。

最後にいくつかの謝辞を。

まずは、日本組織内弁護士協会におけるリーガルオペレーションズの活動と、経営法友会所属の有志メンバーとを結び付け、本研究会を実質的にスタートさせ、本研究会における活発な議論を常にけん引した馬場恵理氏に最大限の賛辞を贈りたい。専情により本書の執筆には関わっていないが、本研究会の活動と本書の刊行は同氏の熱意がなければ実現できなかった。実質的な共著者として名前を記したい。

また、本書の執筆および刊行のみならず、日本版リーガルオペレーションズ研究会の立ち上げから運営支援まで、株式会社商事法務取締役・コンテンツ制作部長の浅沼亨氏とNBL編集長の西巻絢子氏には、最大限の感謝の意を伝えたい。このような活動ができたのも、お二人の並々ならぬご尽力があったからと確信している。

本書が読者の皆様の実践の書にならんことを。

2024年11月

日本版リーガルオペレーションズ研究会一同

CONTENTS

序章

1

Core1
戦略

9

Core2
予算

37

Core3
マネジメント

56

Core4
人材

89

Core5
業務フロー

118

Core6
ナレッジ
マネジメント

145

Core7
外部リソース
の活用

174

Core8
テクノロジー
の活用

201

Preface —— 序　章

　日本では、2019年ごろからリーガルテックのブームが到来し、2020年以降の新型コロナウイルス感染拡大に伴う在宅勤務・リモートワークの普及により、一気に導入が進んだ。最も注目を集めたのが、コロナ禍での出勤を余儀なくされたいわゆる「ハンコ問題」であり、「押印のための出社」により従業員を新型コロナウイルスへの感染リスクにさらしてはならないと、電子契約の導入が一気に進んだことは記憶に新しい[1]。コロナ禍により起きた大きな変化が逆戻りすることはなく、今後もオフィスとリモートのバランスを取った「ハイブリッド」型の業務形態が定着していくと予想されたのであるが、そこでは、リーガルテックを含めたテクノロジーの活用は必須であり、テクノロジーを抜きに今後の法務を語ることはできない。

　他方で、テクノロジーは単に導入してもワークしない。テクノロジーは法務部門がその機能を十分に発揮するためのツールに過ぎないのであり、テクノロジーありきで（テックドリブンで）法務を考えるのは本末転倒である。英米を中心とした海外ではこのような考え方がすでに浸透しており、テクノロジーの導入を検討する前に、法務部門のオペレーションを見直す「リーガルオペレーションズ（Legal Operations）」という考え方が普及している。法務部門において、トップである General Counsel（GC）／Chief

---

1　たとえば、竹安将「企業活動の制限・在宅勤務を通じて学んだ法務部の役割」経営法友会編『新型コロナ危機下の企業法務部門』（商事法務、2020）90頁参照。

Legal Officer（CLO）直轄の組織として、リーガルオペレーションズの専門家で構成されるリーガルオペレーションズチームを置く企業が多くなっている。

日本版リーガルオペレーションズ研究会は、こういった海外の先行事例を考にしつつ、他方で、海外における議論で日本企業の法務部門には合わないものをうまく日本的にアレンジして、「日本版リーガルオペレーションズ」を考えるべく組成された。有志のメンバーが、商事法務のNBL編集部の協力を得て、「日本版リーガルオペレーションズ」とは何か、そのコアな機能はどこにあるか、それぞれの機能について法務部門に期待されることはどういったことかに関する議論を進めてきた。

▶「リーガルオペレーションズ」とは何か

リーガルオペレーションズという言葉は、日本では聞きなれない言葉ではないかと思われる。リーガルオペレーションズは、一言でいえば、**日々の業務からハイレベルな戦略までを含む、法務部門のオペレーション全般をカバーする概念**である。リーガルオペレーションズとは、法務部門が自社内のクライアント（経営陣や営業部門などのほかの部門）に対する機能提供をより効率的・効果的に行うことができるようにするための仕組みであるが、より広義には、企業が法務能力を向上させるための一連のプロセス、活動およびリソースを意味する。したがって、リーガルオペレーションズのスコープは、必ずしも法務部門に限定されたものではない。営業部や事業部自身が行う法的側面を有する活動にも、

リーガルオペレーションズの考え方は必要となる。

　リーガルオペレーションズという言葉自体は、日本では新しいものであるが、その対象となる個々の機能には、実は日本企業にもすでに備わっているものも多い。「企画法務」や「戦略法務」と呼ばれている機能がそれであるが、実際に日本版リーガルオペレーションズのコア（＝要素）をご覧いただくと、よりイメージが湧くのではないかと思われる。

　なお、具体的にリーガルオペレーションズを理解するために、ここで、海外の先行事例（CLOCおよびACC）を紹介したい。

　CLOCは、Corporate Legal Operations Consortium の略であり、米国西海岸発祥のリーガルオペレーションズの専門家の業界団体である。ACCは、Association of Corporate Counsel の略であり、米国の企業内弁護士の業界団体である。ACCは有資格者の団体であるが、CLOCは資格の有無を問わない。それぞれが、リーガルオペレーションズのコアを公表しているので、以下簡単にご紹介する。

　CLOCは12のコアを定義しており、具体的には、① Business Intelligence、② Financial Management、③ Firm & Vendor Management、④ Information Governance、⑤ Knowledge Management、⑥ Organization Optimization & Health、⑦ Practice Operations、⑧ Project/Program Management、⑨ Service Delivery Models、⑩ Strategic Planning、⑪ Technology および ⑫ Training & Development を挙げ

ている[2]。

　他方で、ACCは14のコア（function）を定義しており、具体的には、①Change Management & Communication、②Contract Management、③eDiscovery、④External Resources Management、⑤Financial Management、⑥Information Governance（Records Management）、⑦Innovation Management、⑧Intellectual Property Management、⑨Internal Resources Management、⑩Knowledge Management、⑪Metrics & Analysis、⑫Process & Project Management、⑬Strategic Planning & Legal Operations Leadership、⑭Technology Managementを挙げている。

　それぞれに首肯できる部分はあるものの、他方で、これらを日本企業に適合させるには、より工夫がなされるべきと思われる部分もある。たとえば、両者に含まれている「Financial Management」は法務部門の予算管理の問題であり、日本企業の法務部門にも共通する。他方で、CLOCの挙げる「Business Intelligence」やACCの挙げる「Metrics & Analytics」は、日本企業の法務部門には必ずしもなじみのあるものではない。

　そこで、日本版リーガルオペレーションズ研究会では、これらの海外の先行事例を参考にしつつ、日本企業の法務部門に合ったリーガルオペレーションズのコアを検討することとした。

---

[2] 鈴木卓＝門永真紀編著『LegalOperationsの実践』（商事法務、2024）はCLOCの12のコアを詳説している。

▶日本版リーガルオペレーションズの8つのコア

　日本版リーガルオペレーションズ研究会では、「日本版リーガルオペレーションズ」のコアについて、まずは、数を特に限定せず、それぞれのメンバーが「日本版リーガルオペレーションズ」のコアと思うものを挙げて、紹介し合うことから始めた。独自に考案したコアを紹介する者もいれば、海外の事例を参考にコアを紹介する者もいたが、各自が挙げたコアを並べて比較検討すると、共通項がだんだんと見えてきた。

　そこで、さらに踏み込んで、重複や包含関係にあるものを議論して調整していくと、以下の8つのものに収斂した。すなわち、①戦略、②予算、③マネジメント、④人材、⑤業務フロー、⑥ナレッジマネジメント、⑦外部リソース活用および⑧テクノロジー活用である。

　それぞれについて簡単に紹介すると、次のようになる。
　①**戦略**は、法務部門という一組織の戦略である。組織である以上組織の大小を問わず戦略を持つ必要があるのではないかという点で意見が一致した〔p.9〕。
　②**予算**は、法務部門という組織を運営していくうえで、「お金の問題」は避けて通れないであろうという点で意見が一致した。なお、海外では、（初期のリーガルオペレーションズの専門家が、外部弁護士費用を削減することで次年度の予算を確保したことに見られるように）予算はリーガルオペレーションズの「まず初めに取り

組むべき事項（英語では101と表現する）」とされている〔p.37〕。

③**マネジメント**は、グローバル企業におけるグローバルでのレポーティングラインも含めた、法務部門の組織運営である。法務部門という組織が規模に応じて適切に運営されていることは、法務部門が経営から期待されたパフォーマンスを発揮するうえで必要不可欠であることから、「日本版リーガルオペレーションズ」におけるコアであるといえる〔p.56〕。

④**人材**についてはいうまでもなく、法務部門の主たるリソースは人材であるから「日本版リーガルオペレーションズ」のコアを構成する。採用・教育・評価・異動（キャリアパス）・（適切な）業務分担のすべての面での人材および人材活用の検討は法務部門にとってきわめて重要なテーマである〔p.89〕。

⑤**業務フロー**は、日々の業務を想定したものである。法務部門のパフォーマンスは、日々の業務の積重ねでもあるから、業務フローを最適化していくことは法務部門のパフォーマンスを上げていくうえできわめて重要である。最近では、業務に使えるテクノロジーが数多存在することから、ついテクノロジーに飛びついてしまいがちであるが、まずは業務フローをきちんと定義し、無駄や非効率な部分を見直したうえで、テクノロジー導入を検討する必要がある。そうしないと、無駄や非効率が残ったままデジタル化や自動化が進んでしまい、無駄や非効率が温存される原因となりかねない〔p.118〕。

⑥**ナレッジマネジメント**は、古くて新しいテーマであり、永遠のテーマであるともいえる。日々の業務に忙殺されるとつい後回

しにしがちであるが、ナレッジマネジメントにきちんと取り組むことで、個々の法務部員のパフォーマンス（ひいては、法務部門という組織全体のパフォーマンス）が上がるだけでなく、業務効率化にも資する〔p.145〕。

⑦**外部リソース**は、典型的には法律事務所であるが、法務部門が付き合う外部リソースは法律事務所に限られず、リーガルテックの活用が当たり前になりつつある中、リーガルテックを提供するベンダーとの付き合い方もよく考える必要がある。日本ではまだそこまで進んでいないが、英米では、法律事務所以外にも、Alternative Legal Service Provider（ALSP）と呼ばれるサービス提供者が台頭してきており、法的サービスの提供者・提供方法が多様化しつつある。日本では、いわゆるBig 4と呼ばれる監査・税理士法人が弁護士法人を設立する動きをイメージするとわかりやすい。法務部門としても、伝統的な法律事務所だけでなく、こういった新しいサービス提供者を含む外部リソースの適切な活用を考えていく必要がある〔p.174〕。

最後に、⑧**テクノロジー活用**は、2019年以来日本でもリーガルテックのブームが到来しており、すでに活用を進めている企業も多いのではないかと思われる。いわゆるリーガルテックに限らず、全社で使うシステムを含め、テクノロジー活用を抜きに法務を語ることは難しくなってきている。テクノロジー活用は、日常業務での活用に限らず、上記①から⑦までのすべての面で問題となる。たとえば、法律事務所にM&A案件のDueDiligence（DD）を依頼するような際にも（⑦外部リソース活用の場面）、当該法律

事務所がテクノロジーをどう活用しているかを RFP（Request for Proposal／提案依頼書）で確認するといったことが必要になってくる。そういった観点からも、リーガルテックを中心に、テクノロジーの現在地に精通していることはこれからの法務部門にとって必須である〔p.201〕。

　以下では各コアについて詳述していくが[3]、本書で説くところが1つの呼び水となり、日本でもリーガルオペレーションズの議論が深まり、日本企業のさらなる飛躍の一助となる部分があれば、望外の喜びである。

3　余談であるが、英米ではキリスト教の12使徒を連想させる12という数字に親近感があるのに対し、日本では末広がりの八など8という数字に親近感があり、その意味でも、コアを8つにまとめるのは、日本版リーガルオペレーションズのコアとして据わりがよいのではないかという意見があった。

Core 1

戦　略

中川裕一

1-1 ｜ 問題の所在

1 はじめに

　企業法務の世界には、古くから使われている「**戦略法務**」という言葉がある。

　戦略については、本研究会においても、さまざまな議論があり、そもそも法務部門の「戦略」がわからないという意見が多くあった。議論の中で概ね収束したのは、法務戦略というものが独立してあるわけではなく、基本的には、会社の持つ戦略（目的や目標、パーパスと言い換えてもよい）があり、それに沿ったもの、あるいはその企業の戦略に基づいたミッション（任務とか使命）と方針を明確化し、さらには具体的な目標設定や活動計画を策定し、遂行することが法務部門の戦略であろうという話で集約してきた。そして、本コアの戦略が他の7つのコアをつなぐ接着剤のような役割をしているとも議論をしてきた。つまり、法務部門が独立した戦略を持つというよりも、会社の本来持っている戦略、すなわち事業の戦略に基づいているものが、本研究会の考えるリーガル

オペレーションにおける戦略である。

なお、本項で「戦略」と単に使用する場合と「戦略法務」と使う場合があるが、これは会社の戦略に連動する法務部門の戦略を意味している。

2 戦略と戦術

戦略と戦術について多少補足しなければなるまい。事実本研究会の当初の議論においても混用されることが多かった。日本語ではいずれも「戦」がつくからであろう。戦略も戦術も本来は軍事用語であり、ここ30年くらいで経営の世界でも頻繁に使われる言葉になったという。

とかく混同されがちな戦略と戦術であるが、守屋淳『孫子——最高の戦略教科書』(日本経済新聞、2014)によれば、多くの専門家から最高の戦略書であるといわれている『孫子』には戦略と戦術の区別はなく、その違いにこだわることに意味はないと述べている。本研究会では、「戦略」は企業や組織が持つべきものという前提で議論され、戦略のポイントは、企業の戦略(中長期の目標や企業の存在目的)などであり、それを各部門で具体的な任務(ミッション)に落とし込んでいくものが「戦術」であると考えられるところであるが、議論を整理するなかでも、戦略と戦術の明確な区別が難しく、あえて平易な言葉にすると、戦略を「目的」として、戦術を「手段」として考えることにしているが、その理由は後述する。

戸部良一らによる『失敗の本質——日本軍の組織論的研究』(中公文庫、1991)などを紐解いてみると、そもそも昭和期の旧日本軍に戦略目的が曖昧なので統一行動が取れないという問題が書かれており、戦略的な思考を持たないことには、組織というのは

戦術だけでは生き残れないことが見て取れる。昨今の日本企業も同様の状況に陥っている可能性があり、会社の戦略を明確にして、もって戦術面もクリアにする意味で、コア8の1番目に「戦略」を位置付けることにした。

　戦略は、なかなか定義付けが難しい。戦略論の専門書を渉猟してみると、当然のことながら、言及されていることは国家の戦略がほとんどであるが、そこから会社の戦略への応用は十分にできそうである。

　アメリカ海軍の少将だったJ.C.ワイリーは、戦略とに、「何かしらの目標を達成するために1つの『行動計画』であり、その目標を達成するために手段が組み合わさったシステムと一本となった、1つの『ねらい』である」[1]としている。英国の戦略家（ストラテジスト）であるコリン・グレイによると「戦略にとっての最大の課題は、アクションをコントロールし、どうやって望ましい政治的な効果をあげるかという点にある」とし、さらには、「戦略は、国家における目的を持った活動をそれぞれ結びつける『接着剤』のようなものしてとらえるべきものだ」[2]としている[3]。軍事専門家であり、日本でも多くの著作を発表しているエドワード・ルトワックは、よく練られた軍事計画は、単純さを追求するものだとおり、複数の異なる行動を実行するとなると、いくつかの要素と調整する必要性があると述べている[4]。また、リチャード・P・ルメルト著＝村井章子訳『戦略の要諦』（日本経済新聞出

1　J.C.ワイリー著、奥山真司訳『新装版　戦略論の原点──軍事戦略入門』（芙蓉書房出版、2020）。
2　コリン・グレイ著、奥山真司訳『戦略の未来』（勁草書房、2018）。
3　ここでいう「国家」を「会社」と読み替えるとわかりやすいであろう。
4　エドワード・ルトワック著、武田康裕＝塚本勝也訳『エドワード・ルトワックの戦略論──戦争と平和の論理』（毎日新聞出版、2014）。

版、2023）によると、「軍事における戦略と戦術の違いを一言で言えば、前者は司令官の行動計画、後者は曹長の行動計画だ。」[5]と述べている。

　戦略の専門家の考えを整理してみると、国レベルの戦略や軍事の戦術も、会社の戦略や戦術も手段だけは異なれども、本質的には一緒であろうと見えてくる。これら戦略の専門家の見解を踏まえつつ、会社の戦略に基づく法務部門の戦略について本項では考えていくことにする。

③　問題の所在

　冒頭で述べたとおり、企業法務の世界には、古くから使われている「戦略法務」という言葉がある。では、どのような意味で戦略法務が用いられていたのかというと、発生したことに対処していく臨床法務、問題が発生しないように予防的な措置を講じていくことを考える予防法務の先には、より事業を拡大あるいは発展させるための戦略法務が存在するというような捉え方で考えられてきた。そして、それらの戦略法務論は、法務部門が眠っている知的財産を発掘していくような内容だったり、事業が攻めに転じるために法務部門がより積極的に事業に利用され、場合によっては事業をリードするようにという内容である。

5　司令官とは、軍隊で全体を統率する地位にある人のことで、将官と言われる地位にある人がつく。曹長は、下士官の最高位で、現場レベルの下士官をとりまとめる人のことであり、つまり企業にあてはめると、戦略は、経営者の行動計画、戦術は各部門の現場レベルのチームリーダーの行動計画という意味だろう。現代の日本では、腹落ちしない表現かもしれないが、軍への奉職した人が多いアメリカ人にはしっくりくる表現であろう。

④ まとめ

　内容をまとめると本項では、戦略と戦術、そして戦略法務の意味を踏まえて、基本的には法務部門が会社と異なる戦略を持つということは考えずに、会社が持っている戦略に基づいた戦略を法務部門が持つべきだという前提で話を進めることにする。なお、戦略は、できる限りの単純化を追求し、本研究会の中では３つのレベル感や行動計画に落とし込んでいる。そして、それぞれのレベルでは、これから述べられる他の７つのコアとの調整をしたり、つなげたりする接着剤や調整弁的な機能も果たしていけたらと考えられている。

　法務部門の戦略として、法務部門を他の管理部門よりも強くしたいなどといった意見もあるかもしれないが、それも会社や組織としての戦略がまずあり、その戦略という目的に従って、会社の中にある部門が会社の戦略に沿った戦略が必要になるというのが、本項の主旨である。

📑 アーカイブ

　前述の通りに、戦略法務という言葉は、1980年代から日本の企業法務の世界では語られてきているようである。おそらく最初に現れたのは約40年前の1983年の『NBL』誌上であり、「予防法務から戦略法務へ」（393号、1983）という記事があった。その記事では、1980年代に入り、法務部門の責任者が取締役になるような時代になったとあり、数名の取締役に就任された法務部門の責任者が話をしている。つまり、40年前では、法務部門の責任者が取締役になることが極めて珍しいことだったのだろう。

　今までの臨床法務（1980年代は「訴訟法務」という書き方もあるが、現在では「臨床法務」という表現が多く利用されていると理解しているので、本項では、「臨床法務」とする。）、それを発展させたのが予防法務、そしてさらに発展するのが戦略法務と

いう位置づけで話が進んでいて、経営に近くなったので、予防法務を一歩進めた法務機能の必要性を感じてきたのだろう。

1986年には、当時ソニーの代表取締役会長だった盛田昭夫が「経営者のみた法務戦略」（ジュリスト857号、1986）を寄稿しており、「法務は経営の足を引っ張っていけないが、経営にインフルエンスをもたなければならない。経営にとって企業法務は今後ますます重要になるだろう。日本企業がより国際的なビジネスを行うに従って、法律問題もますます複雑になることは間違いない。企業法務の役割も契約法務から予防法務、さらには戦略法務へと拡張することだろう」としている。契約法務と予防法務というのを分けているが、今読んでもまったく古さを感じない内容である。

ちなみに、複数のデータベース上にこの戦略法務という言葉が多く出てくるのは、1989年以降である。その背景には、安定していた1980年代から、1989年に昭和から平成に変わり、欧州などで冷戦が終結するような兆候が見られて、1990年に入り湾岸戦争が起こり、1991年にはバブル経済が崩壊したこともあり、世の中が変わり始めたので、企業もこの時代の大きな変化に対応して行くことを求められていたはずであり、新たな戦略が求められてきたのかもしれない。

その後2000年代に入ってからは、戦略法務という言葉は一般的になっていくようである。過去の『経営法友会リポート』を読むと2000年代からは「戦略法務」や「戦略」という言葉は、頻繁に使われていて、概ね方向性は1980年代と変わっておらず、臨床法務、予防法務の先に戦略法務があるという段階的な使われ方をしている。

2010年代後半に入り、ベン・W・ハイネマン Jr. 著、企業法務革命翻訳プロジェクト訳『企業法務革命——ジェネラル・カウンセルの挑戦』（商事法務、2018）あたりからは、事業をさらに攻めの方向に持っていくために「戦略法務」という言葉が使われるようになり、令和元（2019）年11月19日に発表された経済産業省の「国際競争力強化に向けた日本企業の法務機能の在り方研究会 報告書 ——令和時代に必要な法務機能・法務人材とは」（以下、「令和版在り方研究会」という。）では、「クリエーション機能」という表現を用いて、パートナーとガーディアンという法務部門の機能の先にあるナビゲーション機能とクリエーション機能の考えが書かれている。この令和版在り方研究会では、欧米企業

では、法務部門がクリエーション機能を発揮することを Enable Function としていて、当然の機能の１つだとしている。この機能こそは、文脈から見ると、本コアの戦略に極めて近いものであると考える。

1-2 | 問題の所在を海外の事例から考える

　今後論じられてくるであろう点は、そもそもの会社の戦略と法務部門との関わり方だ。**1-1**において、法務部門の戦略とは、会社の戦略との乖離がなく策定されれば、それに従う形で法務部門の戦略が存在すべきという点に触れた。そして、アーカイブにおいて、盛田昭夫は国際的なビジネスを行えば、法律問題は複雑化して、戦略法務へ拡張すると述べている旨を紹介したが、どうやって会社の戦略と法務部門の戦略の整合性を取るのかはなかなか答えがないようである。

　そこで、企業内法務については、欧米企業のほうが、組織の重要な機能として見られている点では一日の長があると考えており、海外の事例を考察してみると、今後の日本における論点が見えてくる。欧州の企業では、まず Code of Conduct [6] という会社の倫理基準や行動規範を定めていて、この Code of Conduct は創業時からの会社の目的（パーパス）や目標、あるいは経営理念に基づき作られ、一般的には Code of Conduct に基づいて経営を含めたあらゆる企業としての行為が行われている。そして、Code of Conduct とリンクさせて中長期の経営戦略や目的を策定するのが

6　企業の行動規範などと訳すが、筆者には、Code という言葉に、もう少し英語の意味合いは強いような気がして、日本語の「掟」のような語感を感じている。つまり、会社の掟というのが、Code of Conduct に思える。

16　■——Core 1　戦　略

一般的である。

　例を挙げると、世界的な消費財メーカーであるユニリーバの元CEO だったポール・ポルマンは、その著書[7]において、ユニリーバの140年の歴史の中で会社の創業時のミッションはビクトリアン朝のイングランドの衛生状態を改善することだったとして、そこから統合的な中長期のビジネスプランであるユニリーバ・サステナブル・リビング・プラン（以下、「USLP」という。）を作成し、「公正で持続可能な事業と、業績や成長とを明確に結びつけている。USLP の目標は、サステナビリティを犠牲にするのではなく、サステナビリティを優先することによって利益をあげることだ。利益に目的がついてくることではなく、目的に利益がついてくる。ユニリーバは長年、パーパス重視が十分でないと業績に苦しむことを学んできた。」と述べていて、会社のパーパスがあって、それが戦略の中心となり、事業活動と同じように扱うとしている。さらにそこから、まずはポルマン自身が会社のパーパスであるUSLP にコミットして、次に会社のパーパスに基づき各部門や各個人の行動計画に落とし込んでいったと同書で述べている。

　米国のベネフィット・コーポレーション[8]、米国発の公益性などを重視した企業が取得できる国際認証制度としての B コープ

7　ポール・ポルマン＝アンドリュー・ウィンストン著、三木俊哉訳『ネットポジティブ──「与える＞奪う」で地球に貢献する会社』（日経 BP、2022）。

8　正しくは、パブリック・ベネフィット・コーポレーション（Public Benefit Corporation）のこと。ベネフィット・コーポレーションとも呼ばれるアメリカの企業形態であり、2010年にメリーランド州で法制化された。公共利益を重視し、社会貢献を目的に置いた法人格である。ベネフィット・コーポレーションの法人格を取得するためには、定款上に環境・健康増進、芸術や科学への貢献、低所得者対応などの公益性が求められ、それぞれの活動には説明責任がある。

1-2 問題の所在を海外の事例から考える──■ 17

や、フランスの使命を果たす会社[9]など定款に自社の目的や存在
理由を入れ込み、それを外部の視点でも確認または評価するシス
テムを用いるような会社も海外では増えてきており、より明確に
会社の戦略（目的、パーパス）を前面に出す経営が多くなってき
ている。日本でもいずれ同じ方向へ行くであろうし、むしろ創業
時からの理念のしっかりした会社が多い日本では、導入しやすい
かもしれない。

☞ 法務部門実態調査

　法務部門実態調査（米田憲市編、経営法友会 法務部門実態調
査検討委員会著『会社法務部　第12次実態調査の分析報告』
2022年2月発表。2021年に実施）の第12次の調査によると、法
務部門の役割として予防法務への関与は比較的高いことがわかる
が、逆にいうと、この予防にのみ特化している部門であることが
浮き彫りになる。
　臨床法務の機能も4割から5割程度でしかない。もしかする
と、それほど訴訟やトラブルが少ないのか、あるいはトラブルな
どが発生したら直接的に関与しないのかもしれない。
　戦略法務機能は、総じて低いと見ざるをえず、「社内付議・決
裁などの意思決定への関与」（10.7％）、「経営陣・他部門への企
画・提案」（5.1％）、ロビイング・意見の発信など「新規立法、
法改正への関与」（1.5％）などは関与しているという法務部門は
まだまだ少数である[10]。
　ただし、一つ面白いのは、「中期経営計画や経営戦略とリンク
した組織目標を設定」をしているとした会社法務部門が57.3％あ
る点で、会社の経営計画や経営戦略と部門の定量的な目標とリン

9　フランスで2019年に民法・会社法が改正され、定款の一部を変更すれ
　ば、取締役が株主利益だけではなく、社会的責任も考慮できるようにす
　る会社形態として「使命を果たす会社」が導入された。
10　実態調査61頁。藤井豊久「法務の眼 第12次法務部門実態調査の概要と今
　後の展望」経営法友会リポート578号（2022）1頁。

クさせていることがわかる。この傾向は、企業の規模や業種、法務部門の位置付け、法務部門の規模にかかわらず同様になっているようで、本研究会の考えている点と一致していて、決して本コアが机上の空論ではないことがわかっていただけるのではないかと考えている。

1-3 | 本コアとは

① 戦略の概要

Core1 戦略	法務部門のミッションの明確化、目標・活動計画等の策定・遂行		
	レベル1	レベル2	レベル3
	戦略を構築する段階	戦略を落とし込む段階	戦略を実現する段階
	□法務部門のミッション・方針を定めている □法務部門が達成すべき目標を明確に定めている □全社方針と法務部門の目標を整合させている □目標達成に向けた活動計画（短期〜中長期）を策定している	□法務部門の目標・活動計画を法務部員全員に周知し、理解させている □法務部門の目標・活動計画を個人の目標・活動計画に落とし込んでいる □策定した目標・活動計画にしたがって、予算・要員計画を作成している	□活動計画の進捗を定期的に管理し、進捗に応じて、計画の見直しを行っている □目標達成度を適切に人事評価に反映している □法務部門の目標・活動計画およびその進捗を他部門（経営層を含む）やグループ会社に共有し、部門の評価に繋げている
	・ミッション・方針（言語化されたもの） ・中長期目標・計画 ・年度活動方針・活動計画 ・作成プロセスを定める業務概要書	・部員の理解度アンケート ・個人目標・活動計画	・活動レビュー会議 ・進捗管理表 ・全社（グループ）向け説明会 ・達成度に応じた人事評価

　本コアについて、述べていきたい。「**法務部門のミッションの明確化、目標・活動計画等の策定・遂行**」というのは、2021年12月の本コアの発表時点から変更せず、各レベルについても変更していない。

2 レベル1について

(1) 「法務部門のミッション・方針を定めている」とは

本コアは、戦略を構築する段階として、まずは「法務部門のミッション・方針を定めている」についてであるが、法務部門の運営のために、何らかのミッション（目標や目的、方針）などを定めていることを1つのレベルとして考えている。「定めている」というのは、共通の暗黙知というようなものではなく、言語化されていることが望ましい。

(2) 「法務部門が達成すべき目標を明確に定めている」

これは、(1)の「法務部門のミッション・方針を定めている」とよく似ているが、ミッション・方針はどうしても抽象的な内容になりがちなので、その抽象的なものをより具体的な達成目標に落とし込んでいる必要性がある。部門として、何が達成すべき目標なのかを1年、3年、5年などの短期から中期で定めていき、目標をより明確に具体化していることが重要である。仮に一人法務のような部門であったとしても、意外とこの達成すべき目標は定めているのではないかと考えられる。むしろ、目標を定めていないとすると、それは臨床法務の段階を脱していないのではないかと考えられるが、部門としての目標は、それほど難しいものではないであろうし、法務部門が自社で置かれている状況から、どのような目標を定めて達成すべきかは、どこの企業でも経営や人事部門から目標設定を求められるのではないかと思われる。

(3) 「全社方針と法務部門の目標を整合させている」

この「会社の方針」と「法務部門の方針」というのがなかなか整合性を取るのが難しいという声をよく聞くが、会社の方針、すなわち会社の戦略と法務部門の方針である法務部門の部門として

の戦略に整合性を持たせるというのが、本コアの基本とするところである。よって、ここはよく練り込まねばならず、可能であれば経営層や他の事業部門などとの対話を通じて内容を詰めたりすることも肝要であろう。

(4)　「目標達成に向けた活動計画（短期～中長期）を策定している」

　目標を作れば、その目標達成に向けて短期の活動計画（たとえば、四半期レベルなどで）を立案し、さらには中期から長期の活動計画も策定して行くことを考えている。あまりストレッチング（無理な）な活動計画は、未達成の元になるので本来は避けたほうがよいであろう。外資系企業では、actual target と stretch target というのを設定することがあり、実際の達成できそうな目標と、より野心的な目標を定めることがあるが、まずは現実的な目標レベルを定めていくべきであろうと本研究会では議論が収束している。野心的な目標設定では、持続性や継続性がないことが多い。むろん、可能な限り高みを目指すべきであるが、野心的な目標設定がために違法行為や脱法行為へつながることがあってはならないし、持続性のないものは意味がないので、その点は要注意である。

③　レベル２

　レベル２は、戦略を法務部門へ落とし込む段階として、おそらく多くの企業はこのレベル２の段階にあるのではないかと考えている。

(1)　「法務部門の目標・活動計画を法務部員全員に周知し、理解させている」

　法務部門内で部門の目標や活動計画が周知されていることが重要だなどと書くと、笑われるかもしれないが、実は意外と周知徹

底がなされていないことが多いのではないかと本研究会の議論の中でもあった。部員間で理解にズレがあったり、部門長から課長・マネージャーなどへの落とし込みが弱かったりすると、スタッフには正しく伝わっておらず、理解が乏しいことが多いというのが、現場レベルでの実感であった。

　本項を書くに当たり、お話を伺ったある外資系企業のジェネラルカウンセルだった方は、部門の目標や活動計画を周知させて、皆同じように理解させるために、頻繁にランチミーティングをしたり、オフサイトミーティング（会社以外の場所で1日とか半日の会議）を開催するなどして、部門の目標、その年の活動計画などを徹底し、部員間で対話をしていたと話していた。これは、英語で言うところの commitment（確約の手続）の一種で、対話し、腹落ちしてから実践していくために必要な流れであると考えているのだろう。もう少し言い方を変えると、主体的に法務部門の目標・活動計画をとらえて、実践していくようにするためには重要なのは、「対話」と「腹落ち」なのであろうと思われる。

⑵　「法務部門の目標・活動計画を個人の目標・活動計画に落とし込んでいる」

　法務部門の目標や活動計画が周知されて、理解されていたら、この先は各法務部員達の具体的な活動計画までも作り込むということをしなければならない。

　この個人として部門の目標や会社の目標や目的のためにどう関わっていくかは、重要な点であるが、ここは上司や部門長、さらには人事部門とも相談して、各スタッフの考え方や性格は異なるはずであるし、学歴や経歴なども異なる人が多いのが企業の法務部門なので、その違いを認めたうえで、目標に向かって個人がどう貢献していくかを考えていかなければならない。日本ではつい

つい上司の指示を待つことが多いが、指示を待つのではなく、目標に向けて自分が何をすべきなのかを考えて行動できるようになることが望ましく、このような行動様式が戦略法務だろうという議論があったことも付記する。

(3) 「策定した目標・活動計画に従って、予算・要員計画を作成している」

　予算と要員計画とは、わかりやすく言えばカネとヒトである。策定した目標の達成や活動計画の達成のためには、予算は必要である。よく法務部門はコストセンターなので潤沢な予算はないという話は聞くが、昨今の経営を取り巻く環境は厳しいかもしれないが、予算がなく、人材が枯渇している状況では、リーガルオペレーションどころではないので、必要な予算は用意したいところである。また、法務部門では慢性的な人不足というのもよく聞く話であり、目標達成のためには予算も人材（要員）も必要であるし、予算も人材もないままで実施しろというは、精神論的な展開になるので、そのような要求をしてくる経営層には、しっかりと論理立てて説明して、なぜ予算と要員が必要なのかを説明して行かなければならない。その意味では、若干余談になるが、法務部門の責任者の重要な資質の１つに、予算の確保の技術と人員の確保の技術があるであろうが、この点については、他のコアに譲ることにする〔p.46〕。

4　レベル３

　本レベルは、戦略を実現する段階として想定されているが、レベル３に書かれている内容は現時点ではかなり理想的であり、進んでいるような企業（海外を含めて）でもここまで到達している法務部門はそれほど多くないと理解している。仮にこのような状

況にないからと言って特に心配する必要性はなく、あくまでも理想的なレベルだと考えてもらえればよい。

(1) 「活動計画の進捗を定期的に管理し、進捗に応じて、計画の見直しを行っている」

活動計画の進捗を定期的に管理する方法は、1つは部門の会議などで進捗を定期的に部員間で確認することで、遅れなどがあれば、その手直しをして行くべきであろうと議論をしてきた。予定通りにきっちりとこなせれば、それは理想的であるが、本研究会の議論の中でも予定通りに行くことなどはまずないし、想定しないような事態が発生し、常に少しずつ計画の見直しをしていく必要性があると話していた。また、従前とは異なり、世の中は非常に速いスピードで動いていることから、短期間で状況が変化することが多いが、そのような場合でも適宜進捗を調整して、計画を見直していけばよいのである。外資の企業では、こういうのをmid-term evaluation とか mid-term calibration という中間時点で見直しを実施しているのが一般的であり、走りながら調整をしていくことが多いとの議論があり、このあたりは参考にすべき点であると考えている。目的や目標には拘束されるとしても、計画にひたすら拘束されていると、手段が目的化することになるので、その点は要注意である。

(2) 「目標達成度を適切に人事評価に反映している」

この点も極めて重要であり、達成度の人事評価はするべきだろうと考える。この達成度を確認して、達成できていたら昇進や昇給などの正しい評価をしていくべきであろう。また、連続して目標が未達だった場合には、何か問題があるはずなので、それが組織の問題であれば、計画を練り直していくとになるであろうし、個人の問題であれば、その点も人事評価に冷徹に反映させていく

べきであろう。

(3) 「法務部門の目標・活動計画およびその進捗を他部門（経営層を含む）やグループ会社に共有し、部門の評価に繋げている」

　この点も重要な点であり、外資系の企業の多くでは、前出のcalibrationという表現を用いて、各部門の目標・活動計画を会社の戦略や目標との齟齬がないか、整合性は取れているかをお互いに確認したり、修正を依頼したり、さらにはそれらをお互いに評価するということをしている。会社という組織である以上、会社としての目的な目標があるはずで、その目標や目的は、部門間での整合性が必要であるはずだ。つまり、全部門で会社の目標のために方向性を一致させる必要性があるはずで、そのためには各部門や経営層との対話が必要である。そして、グループ会社があるような場合や、子会社があるような場合にも、他の部門との対話を通じて、法務部門に求められていることを知り、それを終始改善しながら、利用してもらえて、会社の事業に資することができ、社会に何らかの貢献ができるようになることが望ましい。

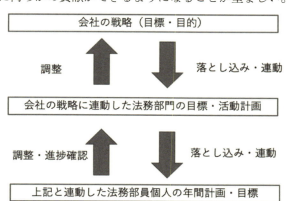

| Column | 企業の戦略、法務部門の戦略 |

　本項を書くに当たり、なぜ筆者が戦略法務に興味を持ったのかを思い返していたら、10年ほど前に、筆者の当時の上司だったユニリーバ・ジャパン・ホールディングスの北島敬之（前ユニリーバ・ジャパン・ホールディングス合同会社　代表職務執行者）と早稲田大学の法科大学院を一緒に訪問したときに、「戦略法務って、最近思ったのだけど、会社の戦略を実現するものであり、企業の持つ戦略と法務部門の持つ戦略が乖離していては意味がないことを気づいたのですよ」という旨を法科大学院生に向けて話されていたのを聞いたときだった。それまで筆者は、法務の戦略は、部署を大きくするとか、予算を取るというような、手段しか考えていなかったが、この言葉を聞いて、大きなヒントを得て、本項へつながったことを付記せねばならない。

　もう1つ、前出のユニリーバの法務部門で求められる人材として発表された「法律家でビジネスをわかっている人ではなく、ビジネスリーダーで法律をよく理解している人」というミッションの落とし込み方であるが、まずヨーロッパの本社の法務部門の責任者（Chief Legal Officer）と人事部門の責任者から言語化されて落とし込まれてきたが、それを具体的にどう業務に当てはめていくべきかは、地域ごとに法務部門の人が集まり、議論してある程度まとめ、同じ職制の人の評価基準などまで議論していた。本社の戦略が一気通貫で個人の数値目標にまで落とし込まれていた。

1-4 ｜ 有意な事例

① 会社の方針と法務部門の目標が整合されているという点

　法務部門がミッションを定めている例では、本項の筆者の勤務していたユニリーバの事例がわかりやすいであろう。すでに公になっているし、いろいろなところで述べられていることから、機微にかからない範囲で述べたい。

26 　■──Core 1　戦　略

　ユニリーバでは、法務部門に求める人材として「法律家でビジネスをわかっている人ではなく、ビジネスリーダーで法律をよく理解している人」だとしていた。

　これはビジネスを進めていくにあたり、法律家として何でも止めてしまうような人物ではなく、ビジネスをリードするリーダーとして、それでいて法律を熟知して、違法性のあるようなことや、脱法行為を避けていくようにするというのが、法務部門で求められている人物像だという意味である。ポイントは、ビジネスパーソンではなく、ビジネスリーダーという点である。つまり、会社が求めているのは、法務部門もビジネスをリードするということだ。ビジネスをリードするとは、他社を追いかけていくのではなく、独自のことを提案していくことで、よく言う「ブルーオーシャン[11]」を探せと言う意味で説明がなされていた。このビジネスをリードするというリーダーシップについては、全部門での目標に落とし込まれていくが、その中で常に重きを置いていたのが「インテグリティを意識して」ということだった。[12]

　そして、現在ではユニリーバは、人権・環境などをはじめとするインテグリティの高い会社として世界的に評価される会社に

11　経営学者のW・チャン・キム（W. Chan Kim）とレネ・モボルニュ（Renée Mauborgne）、入山章栄監訳＝有賀裕子訳が『ブルーオーシャン戦略』（ダイヤモンド社、2015）で提唱されたもの。企業の経営において、競争の激しいレッドオーシャン（血の海の意味）で競合のいない未開拓市場であるブルーオーシャン（青い海で、競合者のいない海）を目指すべきという戦略のこと。

12　ポルマンは「みんながついていきたいと思う新しい時代のリーダーは、何よりも人間でなければならない。心にゆとりがあり、誠実で現行が一致している。ネットポジティブなリーダーシップとは、自分より他人の利益を優先することだ。」（ポール・ポルマン＝アンドリュー・ウィンストン著、三木俊哉訳『ネットポジティブ「与える＞奪う」で地球に貢献する会社』（日経BP、2022））と新しいリーダーシップ像を述べている。

なっているが、そこにはしっかりとした会社全体の戦略（前出の
ポルマンは「パーパス」と言っているが、この中に戦略の意味が読み
とれる）があり、それが各部門の具体的な行動計画に落とし込み、
法務部員の行動計画や年間目標の Key Performance Indicator[13] など
に入れ込まれていて、それが徹底的に管理されていたからであろ
う。

2 ビジネスをリードするとは

　このビジネスをリードするという言葉は概念的になかなか理解
がしにくい。法務部門がビジネスをリードするというのは法務部
門が先導して、ビジネスをぐいぐい引っ張って、新しい利益を生
むものを見つけていくという意味ではない。

　最近の欧米企業で主流のリーダーシップは、会社の戦略や
Code of Conduct を理解したうえで、関係者と丁寧に対話を続け
ながら、1 つの共通の目標に向かわせる方法である。これをサッ
カー元日本代表監督だった岡田武史[14]は「キャプテンシップ」と
して、従来のリーダーシップとは別に定義していたが、筆者は岡
田のいうキャプテンシップこそが、ユニリーバで法務部員に求め
られていたリーダー像だと考えている。

　多国籍企業の場合、さまざまな国や地域出身の多様な人材やバ
ラバラな考えの人たちと話し合い、お互いの理解を深めていき、

13　KPI と略されることが多い。個人や部門の業績評価を定量的に評価するた
めの指標の 1 つ。達成すべき目標を上司などと対話を用いて設定し、そ
の目標に対してどれだけの進捗がみられたかを明確にできるように、表
やグラフなどを用いて数値化することが多い。進捗状況の把握や業務改
善に用いられると共に、企業によっては、ボーナスなどの指標にもなる。
14　サッカー元日本代表監督岡田武史氏「教育岩盤」2023年 8 月15日日本経
済新聞朝刊。

28　■──Core 1　戦　略

同じ方向に向かわせてまとめていくようなリーダーシップが企業内法務の理想的なリーダーシップである。そして、法務がその話合いをリードすることで、決して違法性のある方向や脱法行為のような方向性にも向かわないし、早めに法律問題となりそうなものの芽を摘んでいけるので、かなり効果的な方法といえる。変化が激しくて先が見通せない時代には、勘や過去の経験だけではなくて、大局観を見極めて、理論の助けがないと進められない事業計画などが多いが、そのようなときに勘や経験を整理して、理論を組み立てることができる法務部員達は重宝される存在ではないかと考えている。

　それまでは法務部門は突発的な事象に対応する臨床法務や、契約書のレビューやビジネスの流れを見ての予防法務的な側面に活躍の場が多かったが、戦略的な法務とは、こうやって事業目標をどうやって実現していくのか、そのときにどのような手段で実施していくのかを、法的にも道義的にもよりきれい（美意識をもってとでも言おうか）に実施できるように貢献していくのが、戦略法務であり、本コアで考える戦略であると考えている。

③　先を見る仕事

　戦略法務とか、戦略と聞くと、どうしても先を予測していくようなことを思い浮かべる人も多いだろう。法務部門は事業に直接関わり、お金を生んでいく仕事ではないが、その分ある程度先を見て経営層や事業部門に提案をしていかねばならない。たとえば、社内ではどうしても短期的な利益に集中してしまいがちだが、会社の目的や目標が短期で達成できるようなものではないし、会社は持続的にきれいな競争をしながら成長することが望ましい。そのことを踏まえて法務部門のリーダーシップに価値がある。

未来の予測は極めて難しい、筋読みというのも簡単ではない。この先会社を取り巻く環境の変化や、法律や規制はどういう方向へ行くのか、大きな話では資本主義がどう変化していくのか、社会は何を求めてくるのか、さらには国際関係や地政学的な観点でも知識を持つ必要性がでてくるであろう。会社の中ではこのような事案を専門とする部門はないし、法律や規制だけではなく、総合的に考慮して経営者が適法かつ適切な判断ができるようにリードしていくことになるはずだ。

そんな時に役立つのは、企業内法務部員達には、法律実務や法科大学院や学部、司法修習、実務の中で学んできた判例から類似する点を見つけて、当てはめていく能力がある。この能力を応用して、未来を見据えて、自分の会社の持っている目標や目的からすべきことを判断していくというのも法務部門に与えられる新しい仕事であるということができよう。

Column アドボカシー

20年以上前に、筆者はアメリカの法科大学院を修了して、企業内法務として、欧州のスポーツメーカーのアディダスに入ったが、その時に最初に学んだのは、サプライチェーンにおける人権（労働衛生や安全を含む）と環境の整備のことだった。当時日本ではサプライチェーン（下請け企業などにおける）人権や環境については、あまり語られていなかったし、アメリカでも一部の社会運動にはなっていることは理解していたが、企業が本腰を入れて、しかも法務部門が主体的に取り組んでいくものとは思ってはいなかったので、正直驚いたものである。果たせるかな20年経ってみたら時代が追いついてきて、人権や環境はれっきとした経営課題であり、法務部門が積極的に関与すべき事案の1つと欧米の企業では考えられている。ソフト・ロー的に実施していた人権や環境に関する監査は、今や各国で法整備が進められていることを見ると、法務部門で時代を見越した取組みをしていく必要性は高いと

考えている。別の言い方をすると、どう取り組んでいくか、どうリードしていくかも、法務部門の重要な仕事であり、こういうのをアドボカシーといい、ベン・W・ハイネマン Jr. も『企業法務革命』で述べているが、戦略的な法務の重要な点であると考えている。

1-5 | 参考文献

　以下に挙げるのは、「戦略」を考えるにあたっての参考資料と、本コアで語ってきた経営戦略に基づき、経営に資する戦略という意味でこの先企業がどのような方向へ進むのかについて参考文献である（順不同）。

戦略に関する書籍

- 岡崎久彦『戦略的思考とは何か――改版』（中公新書、2019）
- 戸部良一＝寺本義也＝鎌田伸一＝杉之尾孝生＝村井友秀＝野中郁次郎『失敗の本質――日本軍の組織論的研究』（中公文庫、1991）
- 齋藤健『増補・転落の歴史に何を見るのか』（ちくま文庫、2011）
- 三谷宏治＝守屋淳『オリエント――東西の戦略史と現代経営論』（日本経済新聞出版、2021）
- 守屋淳『最高の戦略教科書孫子』（日本経済新聞出版、2014）
- エドワード・ルトワック著、武田康裕＝塚本勝也訳『エドワード・ルトワックの戦略論――戦争と平和の論理』（毎日新聞出版、2014）
- リチャード・P・ルメルト著、村井章子訳『良い戦略、悪い戦略』（日本経済新聞出版、2012）
- リチャード・P・ルメルト著、村井章子訳『戦略の要諦』（日本経済新聞出版、2023）
- コリン・グレイ著、奥山真司訳『戦略の未来』（勁草書房、2018）
- J.C. ワイリー著、奥山真司訳『新装版　戦略論の原点―軍事戦略入門』（芙蓉書房出版、2020）

- 石津朋之『大戦略の思想家たち』（日経ビジネス人文庫、2023）
- 藤井非三四『太平洋戦争史に学ぶ　日本人の戦い方』（集英社新書、2023）
- 山梨勝之進『歴史と名将——海上自衛隊幹部学校講話集』（角川新書、2023）

企業の未来を戦略的に考えるときに参考になる書籍

- 渋沢栄一『論語と算盤』（角川ソフィア文庫、2008）
- 渋沢栄一著、守屋淳訳『現代語訳　論語と算盤』（ちくま新書、2010）
- 渋沢栄一『経済と道徳』（徳間書店、2020）
- 渋沢栄一著、鹿島茂編訳『青淵論叢』（講談社学術文庫、2020）
- レベッカ・ヘンダーソン著、高遠裕子訳『資本主義の再構築——公正で持続可能な世界をどう実現するか』（日経BP、2020）
- ポール・ポルマン＝アンドリュー・ウィンストン著、三木俊哉訳『ネットポジティブ——「与える＞奪う」で地球に貢献する会社』（日経BP、2022）
- 櫻井洋介『人権尊重の経営—— SDGs時代の新たなリスクへの対応』（日本経済新聞出版、2022）
- ジェイソン・ヒッケル著、野中香方子訳『資本主義の次に来る世界』（東洋経済新報社、2023）
- ベン・W・ハイネマン Jr. 著、企業法務革命翻訳プロジェクト訳『企業法務革命——ジェネラル・カウンセルの挑戦』（商事法務、2018）
- 平田知広「＜企業法務探求＞法務経営者の軌跡　ユニリーバ・ジャパン・ホールディングス合同会社北島敬之氏のストーリー」『法と経営研究第5号』（信山社、2021）

1-6 | おわりに

　日本版リーガルオペレーションズのコア8の話がスタートした頃から、筆者はずっと戦略はコアの中に必要で、中心をなす存在だと本研究会の中で言い続けてきた。それは、法務部門は会社の中に存在する組織であり、そうである以上は会社の方向性に従っていることが必要になるであろうと考えたからだが、実はその確証は、本項を書き始めるまではなかった。

　本項を考えるにあたり、筆者としては改めて企業の法務部門の役割を考えていたのだが、それは1980年代から言われているように、臨床法務、予防法務、戦略法務という段階があるとしていて、日本の企業法務は40年間で戦略法務の位置に近づいてきている。

　戦略や戦術という言葉に踊らされてはいけないし、戦術たる手段に気を取られたり、手段に集中しすぎて、大局である目的を忘れてはならないはずで、それは企業の法務部門の戦略も一緒で、それぞれの行動計画などもあるが、それに拘泥していくのではなく、目的が何かを常に頭に入れながら柔軟に進めていくことが肝要だと筆書は考えている。

　筆者は本項を書く少し前に藤井非三四の本[15]を読んだ。同書の中で本項のヒントとなる「日本人はなにかと戦う時、目的と手段を取り違えたり、ただ戦うことだけを目的としてしまうからだ。そして目的を達成したかどうかの問題ではなくて『ここまでやった、やるだけやった』という自己満足感を得られたらそれでよいわけだ。いろいろと頭を働かせ努力しているようには見えるが、

15　藤井非三四『太平洋戦争史に学ぶ　日本人の戦い方』（集英社新書、2023）。

実のところは精一杯やったという虚飾に満ちた空虚な満足感のためということになるらしい。これが日本人の戦い方の根底に横たわる行動原理なのだろう」という一節を読み、本項においてとかくわかりにくい戦略と戦術を目的と手段と置き換えて理解していくことを思いついた。

バブル経済がはじけてからは迷走する30年近くを過ごしている。筆者は企業の法務部門だけで日本の企業や社会を変えることはできないと考えているが、それでも会社が持つ社会課題を解決するような大きな目標を部門ごとに落とし込み、さらに従業員に落とし込むことで、社会は変わっていき、日本の企業の元気を取り戻して、再び倫理的に正しいことをしている企業が世界でトップを快走する日がくることを望んでいる。そのためには筆者のように長年外資の企業にいる人間で、外から日本と日本企業を見てきた人間が貢献できることがあるのではないかと思い、この「戦略」の部分を書かせていただいた。

 アーカイブ

齋藤健『増補・転落の歴史に何を見るのか』(ちくま文庫、2011)
藤井非三四『太平洋戦争史に学ぶ 日本人の戦い方』(集英社新書、2023)

筆者が、本項の戦略を担当することになり、どうしても外せなかった書籍は、戸部良一＝寺本義也＝鎌田伸一＝杉之尾孝生＝村井友秀＝野中郁次郎『失敗の本質——日本軍の組織論的研究』(中公文庫、1991)である。名著を簡単にまとめることはできないが、個別の戦術のレベルは高くとも、全体的な戦略がなかったり、組織に漂う独特な空気感(人間関係や成功例に拘泥するこ

と）により、失敗を続けていくという話であり、この本を読むと、現代の日本企業にも通ずるものがあると思う組織人は多いだろう。

　本項は、あくまでも企業の法務部門の戦略であり、リーガルオペレーションの中の戦略であるが、それでも『失敗の本質』から学べることは多く、企業の戦略を検討するときに、参考にするべきだと考えている。

　『失敗の本質』は発刊後30年以上経過しているので、後に続くような書籍というものがいくつか出ており、筆者として参考にしたのは、齋藤健『増補・転落の歴史に何を見るのか』（ちくま文庫、2011）と、藤井非三四『太平洋戦争史に学ぶ　日本人の戦い方』（集英社新書、2023）の2冊を紹介したい。

　前者は、現実に立脚しない希望的な判断をする日本陸軍の参謀達のことを明治にお雇い外国人であったドイツ陸軍のメッケルが見抜いた話や、参謀教育を受けた人たちがやがて、甘い判断をして国を奈落の底へと導いてしまったことなどが語られており、一読をお薦めする本である。齋藤氏が通商産業省（現在の経済産業省）に勤務している頃に、『失敗の本質』の主たる著者の1人である野中郁次郎氏に話をしてもらったところ、何が物事の本質かを議論して、突き詰める組織風土を維持し続けることが大切だと話したそうだ。野中氏は、日本の組織は創設当初は独創的で人事に柔軟性があり、優れた対応能力があるが20年、30年経つと意思決定が緩んできて、人間関係や過去の経験など本質的ではないことをよりどころにすると語ったそうである。この本質的なことを突き詰めるというのは、企業の戦略にも通じるであろう。

　他方、藤井非三四氏の本を読んでいて印象に強く残ったのは、目的と手段の混交という言葉と、野中氏、齋藤氏の論考よりもさらにストレートに、旧日本軍は、希望的観測にすがろうとしすぎてしまったことを指摘している。本来の国の目的や戦争の目的を忘れて、戦うことだけ（戦術）を目的としてしまい、目的達成よりも、ここまでやったから、やるだけやったという自己満足に酔っていた、これが旧日本軍だけではなく、日本人の行動原理だとしていて、読んでいると耳が痛いと思うのは筆者だけではあるまい。

　企業にも目的があり、そしてその目的の達成のために手段がある。目的は戦略と読み替えて、本質的なものとも換言できる。手段は、戦術であり、企業においては部門の日々の業務に連動する

ものである。こういった整理があるとないとでは、リーガルオペレーションの戦略に違いがあるのではないかと考えており、戦略を考えるにあたっての参考図書として推奨したい。

レベッカ・ヘンダーソン著、高遠裕子訳『資本主義の再構築――公正で持続可能な世界をどう実現するか』（日経BP、2020）
ポール・ポルマン＝アンドリュー・ウィンストン著、三木俊哉訳『ネットポジティブ――「与える＞奪う」で地球に貢献する会社』（日経BP、2022）

　企業法務において戦略を考えるときには、企業の戦略とリンクするということは、すでに本項で述べているが、では企業の戦略をどのように策定すべきなのか考えるためには、海外で企業や資本主義がどのように変化しているかを理解することが役に立つであろう。

　そこで参考になりそうなのが、この2冊である。時代の過渡期にあるせいか、書店に行けば資本主義がどのように変質して行くのかが論じられている本が売られている。筆者はこのテーマには以前から興味があるので、可能な限り手に取っては読んでいるが、社会主義的な方向へ行くであろうというような論調を多く目にするのに対し、ヘンダーソンは、少し異なるようである。

　ヘンダーソンは、株主利益第一主義から脱却して、バランスの取れたかたちで資本主義を再構築すべきだとしていて、公共のために株主の利益を犠牲にすべきというような論ではない。ヘンダーソンの論じるところは、要するに自社・株主の利益と公共の福祉のためのバランスの重要性を説いているように思え、そのバランス感覚こそが「サステナビリティ」と言われているものの本質なのだろうと、このヘンダーソンの本を読んでいるうちに理解できた。

　ヘンダーソンは、「資本主義を生まれ変わらせるには、企業の目的・存在意義を定義し直すことこそが肝心かなめになる」（104頁）と言っており、こういった考え方は、企業の戦略を考えるときに参考になるであろう。

　では、具体的に先進的な企業がどうしているかを知るのには、ヘンダーソンの著書でも何度か言及されている元ユニリーバのCEOのポール・ポルマンが書いた『ネットポジティブ』を読むの

がお薦めである。ポルマンは、倫理的な経営を進めてきたことで有名な経営者であり、この本に資本主義が再構築された社会で、グローバルな巨大な企業がどのように進んでいくべきなのかのヒントが多い。ポルマンは、具体的に社内をどう説得して、どうやって従業員に一緒に動いてもらったのか、取引先や地域社会とどう話していったのか、さらには株主とどう向き合っていったのがこの本から知ることができて、多くの企業が「戦略」を考えるときのヒントがちりばめられており、具体的な「戦術」を作っていくときにも参考になる内容であろう。

　ヘンダーソンやポルマンの考える次の資本主義というのは、非常に簡単に言うと、自社の利益だけにこだわらずに、広くステークホルダーの利益を考えるということで、それによって自社の価値を上げていき、社会的な課題を解決していき、もって社会全体を成熟・発展させることを考えているように思えるので、企業の「戦略」を考える際に参考になる書籍だと考えている。

Core 2

予　算

守田達也

2-1 ｜ 問題の所在

　旧来から企業の経営資源としてヒト・カネ・モノがあり、近時ではそれに加え情報が新たな経営資源として言われているが、ヒト・カネ・モノが依然として重要な経営資源の総称であることには疑いはない。その中でカネは、企業のビジネス活動を支える血液であり、そのカネをどのように配分・費消していくかを統治・コントロールするシステムとして予算は根幹をなすものである。かかる点から、リーガルオペレーションを語る際にも企業法務の予算を1つのコアとして取り上げるのは、むしろ当然のことと思われる。

　予算は、組織全体に関わるものである一方、言うまでもなく法務部門の機能・役割を支える重要な要素でもあるが、パンドラの箱のように扱われてきた。また、**お金の話は論じにくい**ところもあるので、共通の話題としにくい面がある。そのためか、従来、企業間の比較・理想モデル等では予算について論じて来ていないように思われる。

　一方、予算制度自体について、制度的な問題は認識されている。

予算制度によって生じるストレッチな目標値の創出が困難であること、報酬とリンクしたゲーミングの問題、期中における事業環境変化などに対応できない硬直性の問題などが挙げられている。かかる問題を避けるための方策として、脱予算経営、その他予算管理の改善を試みるさまざまな施策が提唱・議論されている。[1]

しかしながら、日本の企業において「予算制度」はやはりそのコントロール機能、マネージメント・システムの根幹として使用されており、企業法務組織もその例外とはなっておらず、帰属する組織の予算制度に統治され、ルーティン化しているのが現状と考える。[2]

2-2 | リーガルオペレーションにおけるコアとしての「予算」

リーガルオペレーションの中の1つのコアとして予算を議論する際に2つのアプローチが存在する。

1つは企業法務組織における**予算システム・制度自体がどの程度高度化されているか**という議論である。予算におけるモニタリング機能、予想されない費用発生時への柔軟性、他の関係部署（財務部、経営企画など）との連携度合などをその成熟度を測る要素として挙げられる。本研究会でのリーガルオペレーションでもかかる視点・アプローチを取り上げている。予算を1つのコアとして採り上げる以上は予算システム・制度自体の成熟度を測る必要があり、かかるアプローチを取ることは当然の帰結と考える。

1　清水孝＝町田遼太＝上田巧「わが国における予算管理の改善に関する研究の動向　脱予算経営の観点から」早稲田商学455号（2019）。

2　清水孝＝町田遼太＝上田巧「日本企業の予算管理の改善に関する実態調査」早稲田商学460号（2021）。

他方で本研究会でも議論されたが、そもそも**予算システム・制度自体は組織（会社）ごとにすでに強固に構築された所与のもの**であり、法務組織がその枠組みから外れたものを構築することは必ずしも現実的であるとはいえず、また、そもそも法務組織が独立した予算を有しているかもその法務組織の規模などに左右され、その法務組織のオペレーションの効率性・成熟度を測る基準として**予算の独立性を基準とすること自体にも異論があろうか**と思われる。

ここで通常の予算策定プロセスを概観しておこう。

年度予算は、当該組織の戦略（Strategy）と目標（Goals）を達成するために、必要な資源（Resources）とコミットメントを明示した数量的な計画である[3]。その前工程として組織全体の経営計画があることは言うまでもないが、前年度の予算・支出実績をそのまま踏襲し、次年度の活動などに生じる費用を加味して策定していくのが一般的と思われる。年度予算は組織の目標と達成手順を数字で表現したものであり、責任者の自覚を促す。その過程では組織が直面する機会と課題に関してオープンなコミュニケーションが奨励されることになるし、業績評価を行う際の最良のフレームワークを提供することになる[4]。

法務組織予算の規模は、その組織の規模（給与などの人件費）に応じて異なり、かつ予算の大部分は事務所経費、光熱費、システム費用等、組織の規模に応じて振り分けられる費用が占めている。実際に法務組織が裁量をもって作成できる余地は比較的限定的になっていると思われる（以下、A社法務部実績参照）。

3　石橋善一郎『経理・財務・経営企画部門のためのFP＆A入門』（中央経済社、2021）114頁。
4　石橋・前掲書115頁。

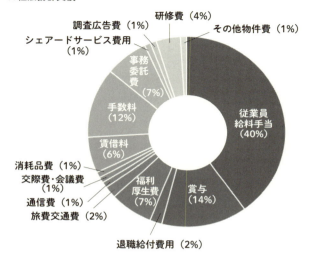

A社法務部実績

　法務組織として予算策定における裁量を広げていくためには、次年度の活動、目標等に応じた**積み上げ部分を増やした予算策定を志向**する必要がある。しかし、大部分の組織が前年度実績・本年度業績予想という枠組みの中で予算を策定していくシステムの中で法務組織が独自性を生み出していくのはなかなか難しいのが現状と思われる。

　また、予算のモニタリングにおいても適切かつ効率的なモニタリング、かつ期中における状況の変化を踏まえた柔軟なプロセスを持つことが、予算の成熟度を測る1つの基準として考えられるが、大部分の組織では期中のモニタリングについても制度化・システム化されており、法務組織独自のモニタリングを導入している例は少ないであろう。さらに期中における予算の増額をプロセスとして持つ法務組織はほぼ稀ではないかと思われる。

以上のごとく、組織全体の予算システムがある程度確立されている中、**法務組織が独立した予算システムを持つ裁量は現状では限定的**と思われる。

Legal Operation に関する対外的イベントなどで行われたアンケート結果などを見てもコア 8 の中で関心が比較的に低いのが予算となっているのは、前述のような背景を反映しているものと思われる[5]。

一方、法務組織が営業活動にかかる全社の弁護士費用を予算化している場合（日本企業では少数派と思われる）を除き、法務組織の予算で人件費を除く予算項目は、組織全体の予算支出額の中で占める割合は低く、以下に述べる予算額について一定の増額（たとえば前年比30%増額）を図ったとしても、比較的少額な金額に留まると思われる。法務組織の長が漫然と保守的（前年度踏襲など）な予算策定に徹することは、本来は必要であった法務組織の機能拡充を抑え、その企業全体を本来は防げるはずであったリスクに晒すことになりかねず、経営陣の善管注意義務違反にもつながりかねないことを心に留めるべきであろう。経営（取締役レベル）の目線から、一定のリスクについて法務組織が新たな機能を獲得し、組織全体に発生しうる当該リスクの発現を未然に防ぐ（あるいは損失をミニマイズする）ことが必要であるか、イエスであれば、必要な支出を予算化することが適切な対応であり、法務組織の長は積極的に予算を司る関連部署（財務、経営企画など）、さらには経営陣に働きかけるべきであろう。当然ながらかかる予算支出を正当化する資料の作成などの努力は惜しまず、さらにかかる予算支出を獲得した際には、それが有効に活用され、法務組

5　株式会社 Hubble 主催セミナー「リーガルオペレーションズ：CORE 8 の活用法」（2023年12月）。

織のパフォーマンスとして目に見える形で他組織・経営陣に示していくことが必要であり、かかる観点からは法務独自のモニタリング、費用対効果の可視化が必要となろう。

☞ 法務部門実態調査

　法務部門実態調査では、法務部門の単独予算について聞いたところ（問37）、回答率は58.3％にとどまった[6]。内訳をみると、「弁護士関係」に金額を記載した企業の割合が90.1％と非常に高い。一方「訴訟・紛争関係（弁護士関係・司法書士他専門家関係・リーガルテックほか外注費関係を除く）」に金額を記載した企業の割合は20.9％であるが、平均金額は弁護士関係を大きく上回る。訴訟・紛争関係の費用を法務部門で所管しているか否かで、法務部門自体の予算規模が大きく異なることがここで明らかにされている（実態調査140頁）。

図表Ⅲ－6　法務部門の予算の平均金額

	選択肢別回答社数平均金額	選択肢別回答社数	予算設定率	719社平均金額	割　合
旅費交通費	283万円	516社	71.8%	203万円	3.8%
図書費	49万円	571社	79.4%	39万円	0.7%
備品・消耗品	116万円	382社	53.1%	62万円	1.2%
事務諸費（賃料・通信費等）	410万円	340社	47.3%	194万円	3.6%
飲食代・交際費	73万円	367社	51.0%	37万円	0.7%
弁護士関係	2,472万円	648社	90.1%	2,228万円	41.5%
司法書士他専門家関係	315万円	266社	37.0%	117万円	2.2%
リーガルテック他外注費関係（契約レビュー等）	494万円	272社	37.8%	187万円	3.5%
訴訟・紛争関係（6、7、8を除く）	3,950万円	150社	20.9%	824万円	15.3%
教育関係（社外研修、通信教育等）	133万円	471社	65.5%	87万円	1.6%
加入団体等の会費関係	114万円	487社	67.7%	77万円	1.4%
システム費用	502万円	212社	29.5%	148万円	2.8%
その他（8を除く）	4,707万円	179社	24.9%	1,172万円	21.8%
合　計	5,410万円	737社	―	5,374万円	100%

※予算設定率は内訳を回答した719社で選択肢別回答社数を除して算出した。

　同調査では、法務部門の目標管理についても聞いているが、定量的な目標として「人件費を含む経費削減」を挙げた企業がごくわずかであるが存在したこともここにとどめておきたい（実態調査135頁）。

6　実態調査139頁以下。

以上、予算制度・システムは組織ごとに異なり、また、その多くは所与のものとして法務組織が独自性を発揮できる余地は比較的限定的と思われる。一方で法務組織が、予算制度・システムが硬直的であることなどを理由に前年予算の踏襲・単純な経費節減などのオペレーションに甘んじてしまえば、法務組織の機能発展も望めず、本来対応されるべきであったリスクへの対応もなされないなど企業全体の問題となりうることに留意すべきであろう。

2-3 リーガルオペレーションの他コアを支える観点からの予算

リーガルオペレーションのコアとして予算を見る際のもう１つの重要なアプローチは他コアの進化を行ううえでの予算であろう。具体的に本研究会で取り上げられた他のコアについて考えてみると、何らかの新たな施策を行い、そのコアのレベルを引き上げるためには必ず何らかの費用が必要となり、従来予算を踏襲するだけの受動的な予算作成・執行プロセスでは法務組織・リーガルオペレーションの発展は望めないであろう。以下、他コアの中でとりわけ費用支出・予算にかかわると思われるものに触れてみたい。

① 人　材

法務人材の獲得方法、その市場については過去10年で大きく変わってきており、資格保有者の中途採用、あるいは新卒においても、ロースクール卒業生、あるいは修習生の採用等、法務組織独自の採用ルート確保が必須となってきており、それぞれ中途採用であれば、人材エージェントの起用（エージェント費用の支出）、修習生採用においても、法務独自の PR 活動（Web への掲載など

業者への費用支出）、面接手配、各ロースクールへの説明会の実施（出張費用の支出）等々、さまざまな費用が必要となってきている。また資格保有者の採用により弁護士会への登録維持費用等の支出など、予算確保を検討することが必要となっている。弁護士会の登録費用１つをとっても、社内弁護士が在籍する企業の90％が弁護士会費を負担しているという統計もある[7]。

　また、育成・トレーニングにおいても法務組織独自の予算・費用支出の必要性が高まっていることは言うまでもなく、各種研修・トレーニング参加費用、書籍（eBook のサブスクリプション費用含め）、ネットワーキングのための各種法務団体への登録費用など、ますます複雑化する法制度・拡大する法務機能など人材育成の必要性が増していることは明らかである〔p.89〕。

② マネジメント、業務フロー、ナレッジマネジメントを進めるためのインフラ支出

　他コアのマネジメント〔p.56〕、業務フロー〔p.118〕、ナレッジマネジメント〔p.145〕を効率化・改善を図るうえで組織内リソースだけで行うには限界があり、テクノロジー・外部リソースの活用が必要となり、新たな支出項目が必要となる。さらに効果的・効率的なナレッジマネジメントを行うシステムの構築、その維持にはその業務に特化した人員の必要性、また、法務組織として独自のシステム投資を行う際には、一定の資産計上が必要となり、減価償却をどのように設定するかなどのバランスシート管理が通常の保守・維持費用に加えて必要となることも留意する必要がある。

7　実態調査251頁以下。

③ 外部リソースの活用

弁護士費用を含めた外部リソース活用〔p.174〕にかかる業務委託費用においても、営業取引に関しては、その取引を担当する営業で予算化・支出することが日本企業では一般的と思われる。特に弁護士費用については、日本企業にて、法務部門が予算化している弁護士費用は顧問料の割合が多く、各事業部が行う取引（M&A、その他プロジェクト案件）、紛争解決などスポットで発生する弁護士費用をすべて法務組織で予算化・コントロールしている企業はまだ少数派ではないかと思われる[8]。一方、グローバル企業などでは、全社弁護士関連費用を法務組織が予算化し、コントロール（むしろ全社の弁護士費用をいかにミニマイズかつ透明性を図るかが法務組織の最も重要な機能の１つとされている）している企業も多く存在しており対照的といえる。この違いの背景には、日本の弁護士起用が歴史的にも顧問料、訴訟における着手金・成功報酬からなる弁護士報酬支払を中心としてきた経緯もあり、一概にどちらがよいかはいえないと思われる。

　一方で、かかる違いが後述ACC Legal Operations Maturity Model および CLOC CORE12 において "Financial Management" として定義されている（予算はその一部）アプローチの違いにも表れている。しかしながら、今後は、クロスボーダーの M&A などビジネスモデルの変化、ビジネスのグローバル化に伴う海外問題への対応など、日本企業の負担する弁護士費用はますます増加することが見込まれ、そのミニマイズ・透明化は法務組織の大きな課題となっていくことであろう。さらに、法務組織として特に組

8　沖崎聡「組織内弁護士研修講義録　企業法務部門の組織と役割」臨床法務研究16号（2016）１頁以下。

織全体のガバナンス、またさまざまな取引に影響を与える法律の改正、コンプライアンス対応（たとえば近年の個人情報関連に関する法改正への対応など）などそれぞれの営業活動に賦課することが適切ではなく、さらに緊急対応の必要な状況（コロナ対応、ロシアのウクライナ侵入に伴う新たな輸出規制の導入への対応など）も増えてきており、法務組織として一定の裁量を持った業務委託費用を予備費として予算化しておく必要性も増加している。期初において事前にその内容詳細・総額を把握しておくことは困難であるが、できうる限り概算見積（ここでは前年度の支出額も参考値となろう）などを行い、予算化する努力は必要と思われる。

　また、たとえば期中において、新たな法律の制定、従来の法律の改正等が発生し、経営の観点からは、そのリスクに対応できないことは組織として許されず、法務組織として率先して対応しておくべき事態が発生すれば、当該支出に備えた予算が確保できていなくとも必要な支出（リサーチに必要な外部弁護士費用の拠出など）は行い、後は経営への合理的な説明ができるように準備をしておくなども必要と思われる。支出に際して合理的な費用対効果を説明できるように具体的な成果の可視化などを準備しておくことが必要なのは言うまでもない。

　その他、法務部としての機能の拡充に応じて必要な費用支出（予算）が必要となる。筆者の経験上も法務部の機能として、コンプライアンスが加わり、反腐敗プログラム導入が入り、近年では輸出入・安全保障コンプライアンスなどの機能を担うようになり、法務の機能拡充に応じた予算・費用の支出が増加してきた経緯がある。

　以上、いくつかのコアを拾い上げてきたが、いずれにしても法務の機能獲得という意味では、その予算獲得が必須であることは

論を俟たない。法務を運営する責任を持つ者は恐れることなく、合理的に必要とされる支出項目については予算化（あるいは期中であろうとも必要な支出は実行）し、一方で、十分な説明を経営陣に行い、かつ経営陣の期待に答えるべく、その成果の可視化を行っていくことが何よりも必要なプロセスであろうと思われる。

アーカイブ

　法務組織の予算が今までどのように論じられてきたかを見ていこう。法務組織の予算に特化して論じられてきた文献・記事は多くはない。法務組織の運営、法務組織全体が語られる中で、予算について言及している文献・記事はいくつか散見されるが[9]、法務組織の予算自体に正面から取り組んだ文献・記事は限られているのが現状と思料する。

　予算について論じられる際に基本的には法務組織の予算をいかに獲得していくか、いかに法務組織の機能・オペレーションを見える化（数値化）・効率化するか、年間目標・活動計画の策定が重点的に論じられている[10]。また、特に弁護士費用については、そもそも受益者負担を前提とした営業部での予算化と法務部独自の予算化についてメリット・デメリットが論じた文献が散見される[11]。

　海外に目を向けてみると、「LAWYERS` PROFESS ONAL DEVELOPMENT」にて法務組織全体の予算ではないが、特に弁護士（インハウスカウンセルを含めた）のトレーニング・育成費用の予算化の必要性とそのやり方に一章が割かれ、精緻な年間ト

9　「〈特集〉これからの企業法務──その現状と課題」ジュリスト857号（1986）10頁以下、瀧川英雄『企業法務のセオリー　応用編──一段上の実務とマネジメントの基礎を学ぶ〔第２版〕』（第一法規, 2023）、高柳一男『国際企業法務』（商事法務研究会、2002）、浜辺陽一郎『経営力アップのための企業法務入門』（東洋経済新報社、2014）

10　北島敬之「法務の仕事を数値化せよ！　予算獲得のための報告書モデル」ビジネス法務2010年12月号60頁、「〈特集〉年間計画の立て方がカギ！法務部の予算獲得プロジェクト」ビジネス法務2013年12月号37頁以下。

11　沖崎・前掲注８論文。

レーニングプログラムの策定（それに応じた予算・費用支出の計画）の必要性などが記載されている[12]。以上、過去の文献には、法務組織の予算獲得のための組織運営の効率化・見える化に多くが割かれてきたのは、そもそも前述のとおり法務で裁量を持つ予算が比較的小さく、その機能拡大に応じた費用を確保することが問題となっていたことが背景だったと思われる。

　ここで Association of Corporate Counsel（ACC）の Legal Operations Core Maturity Model に目を向けてみたい。ここでは、Core "Financial Management" として以下が記載されている。

Maturity Model Stages
EARLY
- Devoid of standard processes, metrics and analytics
- Ad hoc timing
- Budget lacking or set by Accounting; tracked via spreadsheets and/or Word tables, if at all.

INTERMEDIATE
- Standard processes exist but not documented or well-known
- Budget set and accruals managed through strong collaboration between Legal and Finance; Legal Operations oversight of spend and budget management
- Metrics and analytics reactive and decentralized
- Timing driven by external party (e.g. Finance)
- Budget tracked via spend management system
- Forecasts done as requested; accruals done on large matters
- Reserves and contingencies set on large matters and/or through informal conversations (undocumented)
- High-level discussions between Legal Ops and internal counsel when setting financial targets
- Budgets and forecasts completed at a business, practice area, or regional level.

12　Ida O. Abbott, Esq.『LAWYERS' PROFESSIONAL DEVELOPMENT Second Edition』（2012 National Association for Law Placement, INC「NALP」）

ADVANCED
- Standard processes defined, documented, and communicated through published policies and procedures
- Defined reports, metrics, and dashboards distributed according to a defined schedule with assignees and real-time data
- Timing driven by Legal (in support of corporate calendar) via published, communicated timeline and/or project plan
- Budget and forecasts tracked via standardized tools; systems utilized enterprise-wide at the matter level and easily directed to the appropriate cost center
- Standard forecasts and accruals, automated with technology and according to a defined timeline
- Reserves and contingencies set via standard, defined, and defensible process for tracking and reporting reserve recommendations and aggregated legal contingencies
- Regular budget reviews with the senior leadership team
- Key performance indicators (KPIs) managed, tracked, reported, and benchmarked
- Frequent, in-depth, and documented collaboration between Legal Ops, internal counsel, and external vendors when establishing financial targets
- Solid and longstanding partnerships with Corporate Finance established
- Legal engaged in companywide financial initiatives and processes.

　内容を見るに、予算策定・執行・将来コストの予測を含めた全体がプロセス化されていること、プロセスにおいて法務組織が自律的な役割を果たしており、かつ関連部署（海外においては財務部がメイン）、および外部ベンダーと十分なコミュニケーションがなされていること、その実行において時間軸をもった KP が設定されていること、一定のリザーブが設定され予期せぬ支出に対応できること、全体的にテクノロジーが導入されマニュアル管理ではない効率化が図れていることなどがその成熟度を測る基準として挙げられている。

50　■——Core 2　予　算

　次に、CLOC（Corporate Legal Operations Consortium）CORE
12におけるファイナンシャルマネジメントにおいては、以下の記
載がなされている。

Competency	Level	Description
Financial Management	Founda-tional	Manage the departmental budget. Track accruals and forecasting. Work with Finance to identify spending trends, potential cost savings and efficiency opportunities.

Maximize your resources through sound financial management.
Current reality: In-house departments may operate with little
clarity or predictability in their budgeting. This can lead to
unexpected shortfalls, tensions with the business, and a lack of
financial context when making investment decisions.
Desired state: Develop a strong and sustainable approach to
financial management. Use your resources responsibly and help
everyone on the team understand how spending connects to
outcomes.
・Develop, manage, and communicate your budget
・Design an accrual and forecasting process that works for your
　team
・Spot new opportunities for savings and efficiency
・Bring more predictability and consistency to your budgeting
　and financial planning
・Improve communication and compliance with your corporate
　Finance department
・Manage your eBilling accurately and efficiently

　CLOC の Core 12については、現状の法務組織の課題として予
算プロセスにおいて十分な見積もり・予見がなされておらず、突
然の支出などに対応できていないことが課題として挙げられ、望
むべき水準として十分な予見性・一貫性を持ったシステム、関連
部署とのコミュニケーション、法務組織が結果（パフォーマン
ス）を意識した支出となっている（効率的なオペレーション）、

eBilling の導入などが挙げられている[13]。

　両方に共通することとしては、Budget/ 予算の適切な運用が重要な指標となることは間違いないが、Core の定義を Budget/ 予算に留まらない Financial Management とし、適切な支払予測を行い、経営陣と適切なコミュニケーションを行い、一貫性のあるシステム・プロセス、そして突然の予期せぬ支出へ対応できることを挙げており、その点日本における法務組織の予算の議論（いかに法務組織の予算を拡充していくか）とは大きな違いといえるだろう。かかる違いは、適切な弁護士費用管理を重要な機能として求められる欧米を中心としたグローバル企業の法務組織と弁護士費用管理全般についてそこまでの命題を与えられていなかった日本企業の法務組織との違いではないだろうか。

2-3 ｜ 本研究会における日本版リーガルオペレーションズコア8における「予算」

　ここまでリーガルオペレーションズにおいて「予算」をコアとして取り上げるうえでの課題と現状までのどのような議論がなされてきているかを取り上げてきたが、本研究会では、コアとしての「予算」について大きく3つの観点で分析を行った。

　1つは、法務部門独自でその活動と結びついた、さらに一定の柔軟性・裁量を持った予算を有しているかという観点である、2つ目、3つ目の観点は、いずれも法務予算がカバーする範囲の観点であるが、最初はグローバル法務が進む中で本社法務部門が他国法務部門の予算に対してどの程度関与しているか、次は、営業部門が行う個別取引に必要な弁護士費用を法務で予算化・管理しているか、という点である。かかる観点から参加企業の方々と意

13　鈴木卓＝門永真紀編著『Legal Operations の実践』（商事法務、202●）207頁。

Core2 予算	法務部門の予算策定・実行・管理	
レベル1	レベル2	レベル3
予算を確保する段階	活動に合わせた予算を確保する段階	予算策定・執行・管理を高度化する段階
□法務部門独自の予算がある	□法務部門独自の年次活動計画、それに応じた予算計画を策定している □予算進捗の確認、支出を定期的にモニターするプロセス(予算管理担当)が存在する	□法務部門内インフラ投資、人員補充にも広範な裁量を有し、弾力的な予算策定、実行が認められている □他部門での起用を含めた外部弁護士費用を法務部門にて予算化、管理している □予算執行のモニタリングプロセスが自動化・システム化されている □海外を含めた法務部門全体の予算を本社法務部門が見ており、方針や年次計画に応じ、特定部門への重点配分等、メリハリのついた予算策定・執行ができている
・法務部門としての予算作成 ・予算は前年度ベースで作成される ・予算の範囲内で一定の裁量を有する(他組織の都合などで削られない)	・法務部門独自の年次計画の策定 ・年次計画に応じた予算計画の策定 ・定期的な(四半期ごとなど)予算進捗管理 ・弁護士費用、交際費、インフラ費用、出張費など、その活動を支える一定の支出について予算内で裁量を有する	・弁護士費用やインフラ投資等の予算計画 ・人件費予算計画 ・予算執行のモニタリングシステム ・グローバルな法務部門予算計画

見交換を行い、その要素を抽出したものがコア2の上記の予算マトリックスである。この点、法務部門独自で裁量がある予算についてすでに詳述したとおり、いかに法務部門として予算を獲得していくのかという課題であり、ここを1つの日本における法務組織の成熟度を測る指標と置くことについて異論はないと思われる。まず法務組織として独自の予算を持っているかを**レベル1**としている。

その法務組織がどの程度の規模であるか、1ユニットであるか、課であるか、部となっているかなどに応じて、その法務部門としての予算規模は決定していくと思われる。実際にはレベル1の段階での法務部門予算を持つことは、それほど重要ではなく、その策定・運営プロセスに法務組織がどれだけの裁量をもって取り組んでいけるかが重要であり、その法務部門の成熟度を測る指標となる。

　一方で**レベル2**では、法務組織が一定の独立した予算を有しており、その予算策定・実行に際して法務組織の年次活動と連携し、効率的かつパフォーマンスを意識した運営がなされているかが、いわば予算プロセスと法務部門の活動が有機的に結びついているといえるかがレベル1とレベル2との境界線となっている。この境界線を越えていくことが、さらに法務として裁量を持った予算策定・執行を行っていくための第一歩であり、かかるプロセスを踏むことでなかばルーティン化している予算策定作業をより有意義なものとし、また、経営陣との対話を始めるためのスタートになるものと思われる。

　レベル3において掲げられた基準は、法務部門の活動について予算のうえでも大きな柔軟性が認められているか、である。予算策定の段階で予定される重要な活動に必要な支出が予測・予算化されているか、期中においても新たに出現した必要な活動について支出が認められている状態を指し、さらには、必要な人員補充が認められるかなど、法務部門の予算策定・執行において弾力的・柔軟な運用が認められる状態を指し、なかなかレベル3に達することは難しいと思われるが、それを目指すうえでのレベル1、レベル2を着実に歩んでいくことが重要と思われる。

　次の観点である法務部門の予算のカバーの観点であるが、ここ

ではレベル1、レベル2ではこの観点はなく、レベル3のみで入れている。受益者負担の考え方を採用せず営業取引にかかる弁護士費用などについても法務組織で全体予算化しているか、グローバル法務について全世界予算の可視化・一定の関与ができているかは、いずれもその企業全社の予算システムの改変につながる相当な高いハードルがあることは間違いない。また、果たして本社の法務部門への集中化が全体最適化の中で果たして日本企業にとって理想的な姿といえるのかについては、なお議論の必要があると思われる。ただし、前述のごとく、ビジネスモデルのグローバル化などの変化から日本企業における弁護士費用を含めたリーガルコストは増加しており、法務部門としての関与・コントロールが求められる時代になってきていると思われる。

なお、レベル3におけるグローバル化について、執筆者の私見を述べさせていただきたい。企業活動のグローバル化が進む中では法務組織のグローバル化も不可避の流れであるが、日本企業における本社の法務組織がどこまでグローバル法務全体の中心となるべきかについては、「予算」に限らず他のコアにおいても今後慎重な検討が必要と考えている。すでにいくつかの日本企業において見られるように、海外展開が進む中でその企業活動の中心が日本以外に移るとなれば、法務組織の中心も当該海外に移行していく流れが自然である。法務のグローバルヘッドをどこに配置するか、チームスタッフの配備をどうするか、本社の法務組織がどのような役割・責任を有するのか、かかる点において有効・効率的なリーガルオペレーションズはどのような姿なのか、移行期間におけるあり方も含めた、具体的事例の研究が進んでいくことが必要と考えている。

2-4 | おわりに

　以上、今般リーガルオペレーションズで独立したコアとして予算を取り上げたが、法務部門における予算はいかなる姿であるべきか、今後も変わりゆく日本企業のリーガルオペレーションズの中で検討・議論が続くことを期待したい。

　他方、法務組織のリーガルオペレーションズの向上を図るために「お金」の問題は避けては通れない。予算は「お金」をコントロールする基本的なシステムとして、ほとんどの組織で取り入れられていながら、法務組織においては受動的・踏襲的にしか利用されていなかった面が少なからずある。今後自律的・能動的に法務組織のパフォーマンスを向上し、組織全体のリスクマネジメントの実効性向上につなげるべく予算を策定・実行していく努力は継続して行われていくべきと考えている。

Core 3

マネジメント

河野祐一

3-1 │ 問題の所在

① 問題状況

　日本版リーガルオペレーションズ研究会が提案するコア8では原則として法務部門の内部を取り扱っており、本コアも大部分は法務部門内のマネジメントを対象としている。法務部門長の上位職である General Counsel や Chief Legal Officer による全社のマネジメントの在り方を検討する場合には管掌が法務だけでなく、コンプライアンス・企業倫理、知的財産権、コーポレートガバナンス、リスクマネジメント、サステナビリティ、経営戦略、DX 等実際の担当範囲・経営課題に拡げて整理する必要があるが、法務部門のマネジメントは、外部環境や全社の状況を俯瞰しつつ、組織としての成果（訴訟の有利解決、ガバナンス・コンプライアンスの充実、事業投資案件の法務リスクの適正管理など）を上げるために、ヒト・モノ・カネ・情報を適切に活用すること、およびそのために体制をつくることであるところ、これに資するようなフレームワークを援用することが有益であるように思われる。

単一国で単一事業を行う一法人単体の法務部門のマネジメントに比べて、多角化されグローバルな多数のグループ会社群からなる連結グループでの法務部門のマネジメントは、親会社法務部門のリソース、指揮命令系統に対する考え方等の事情もあり、難易度が高い。

たとえば名取勝也弁護士は、（日本企業は）「法務部門のグローバルマネジメントも経営全体のグローバルマネジメントも弱い」、「グローバルマネジメントの観点から国際競争力を高めていくにあたって、遠慮しすぎ、任せすぎ」、「グローバル全体最適については改善すべき点がある」、「投入する資金についても、グローバル全体最適の観点から本社がトップダウンで従わせることが足りていない」と日本企業のグローバルのマネジメント力の弱さを指摘している[1]。

2 一般的な実務の風景

ところで多くの識者がマネジメントについてさまざまな定義をしているところであるが、一例として、ヘンリー・ミンツバーグは『マネジャーの実像』の中でマネジメントを「管理することであり、ものごとを実行することであり、考えることであり、リーダーシップを振るうことであり、意思決定をくだすことであり、それ以外のもろもろのすべての活動のことである。しかも、そうしたすべての要素の単なる総和ではなく、すべてが混ざり合ったものだ。」と述べている[2]。法務部門におけるマネジメントも、単

1　「攻めと守りの法務の視点から見たジェネラルカウンセルの重要性」商事法務2199号（2019）35頁。
2　ヘンリー・ミンツバーグ著、池村千秋訳『マネジャーの実像』（日経BP、2011）「第3章マネジメントのモデル」（kindle版No.1514）。

に、「管理、管理すること、人」ではなく、**成果を上げるために計画し、組織化し、ヒト・モノ・カネ・情報などのリソースを適切に活用すること、その体制**、と包摂的・動的に考えるのが良さそうである。

もとより、かつては、法務部員は必ずしも法務部門志望者から構成されているわけではなく、したがって、後から法務の専門家になっていくにしても、**当初はビジネスパーソンとして、会社・営業・ビジネスの発想で仕事をする人が大宗**だった。ゆえに、法務部門外への異動の機会も想定しつつ、組織ピラミッドの階段を徐々に上って管理職になるという通常の企業人のキャリアイメージを抱いており、組織人としてのマネジメント力を身につけることの重要性やその中身について共有されており、とりたてて議論されることは多くなかった。ところが、企業法務の「高度化」「専門化」が進み、法務部門志望者・法務専門家志望者が増え、特に弁護士資格保有者の中には法律事務所でのキャリアを積んだうえで、企業の法務部門を目指す者も増えていることから、**法律実務家としての実力向上に焦点が当たりやすい分、ビジネスパーソンとしての実力や法務部門のマネジメントについて言語化が必要**になっている。また、法務部門の「高度化」「専門化」が進み、業務の複雑性が増したため、法務部門外出身者が法務部門をマネジメントすることの難易度が上がっていて、日本企業においても Chief Legal Officer、General Counsel 等**法務部門出身の経営者が必要**となっていることも踏まえて、あらためて「法務部門のマネジメント」について議論する意義がある。

③　マッキンゼーの7Sフレームワークとともに

ところで法務部門のマネジメントは、実務ではどのように行わ

れているのだろうか。

マネジメントは雑多で多岐にわたるので、ここでは**マッキンゼーの７Ｓ**のフレームワークを使って整理・説明する。なお、７Ｓは、組織を目に見える**ハードの３Ｓ**（Strategy（戦略）、Structure（組織構造）、Systems（経営システム））と、目に見えない**ソフトの４Ｓ**（Shared Values（共通の価値観）、Staff（人材）、Skills（組織スキル）、Style（組織文化））の７項目に分類して、その項目間の複雑な関係・整合性や全体感を統合的に把握して、組織変革や問題解決に活用するツールである。

A New View of Organization [3]

① **法務部門の Shared Values**（共通の価値観。上図では Superordinate Goals）としては、典型的なものとして法務部門独自のミッション・ビジョン・バリューの策定がある。通常は、法務部門だ

---

3 ROBERT H. WATERMAN, JR., THOMAS J. PETERS, AND JULIEN R.PHILLIPS, STRUCTURE IS NOT ORGANIZATION（https://managementmodellen-site.nl/webcontent/uploads/Structure-is-not-organization.pdf）

けでなく、その上位組織や会社全体に根付いている共通の価値観
である経営理念やパーパスが基盤となり、法務部門の主たる業
務・位置付け・歴史、何を期待されているか、トップの考え方な
ど部門特有の事情や社内外の環境を踏まえて価値観が形成されて
いると思われる。価値観は、形のないものであるため、わかりに
くく、わかったつもりになってしまう。形のないものを形にする
ために「言葉」があり、丁寧に言語化することが重要となる。

☞法務部門実態調査

　なお、この点、法務部門実態調査では、「貴社の年度計画や中
期計画等における、今後の方向性を示す法務部門のミッション、
ビジョン、バリュー等をご記入下さい。」という質問について、
多様な回答がある中で次のような傾向があったと述べられてい
る。「特に、法務部門としても『守り』から『攻め』に転じて、
経営・事業部門のパートナーとして積極的に経営に参画しようと
いう姿勢が多く見られた。また、伝統的な予防法務や臨床法務と
いう観点よりも、いわゆる『GRC』と呼ばれるガバナンス・リス
ク・コンプライアンスの３つのキーワードを取り上げる回答が多
かった。さらに昨今急激に浸透しているリーガルテックの活用と
いったＤＸによる業務効率化について取り上げる回答も多くみら
れた。」（実態調査10頁）。

---

②　法務部門の Strategy（戦略）としては、部門の年度目標・
計画、３か年計画・目標、人材戦略、技術ロードマップ等の作
成・運用がある。会社の戦略や上位組織の戦略を実行し、会社・
上位組織の目標を達成することを基本として、外部環境のうち法
務分野で会社にとって影響の大きいもの（たとえば、事業分野に
関係のある法令の制定・改正、当局の執行状況の変化、法務人材の流
動化、リーガルテックの動向など）を踏まえて、会社の中期経営戦
略の策定のタイミングに合わせて、または、年度ごとに、作成・
見直しているのが一般的であろう。

☞法務部門実態調査

　法務部門実態調査では、上述の Shared Values の項目で述べた事項が Strategy に関係する。また、「法務部門の役割として重視するもの」の上位３つは、「法律相談・契約書審査等を通したリスクの予防」、「重要案件（重要な企画・事業計画等のプロジェクトおよび M&A・協業等の重要な契約）への対応」、「紛争・訴訟への対応」であり、法務部門が今後取り組むべき課題として「法務業務の効率化・IT 化」、「経営判断への支援」、「法的リスクの管理」が上位３つに挙げられている（実態調査61頁）ことから、これらにリソースを割くような戦略が作成されているものと考えられる[4]。

③　**法務部門の Structure**（組織構造）については、まず法務部門内の組織構造として、担当する機能別（機関法務・取引法務や、知財・M&A など）・地域別・事業部門別にチーム・課を分けること、法務部門の人数規模・権限等に応じて階層（１階層：一人法務、２階層：マネージャーとスタッフ、３階層：マネージャーとミドルマネージャーとスタッフ等）を設けること、リーガルオペレーションズとの関係では、リーガルオペレーションズを担当する組織を法務部門内に設置すること、等が実施されている。

　次に、会社内の法務部門の位置付けとしては、会社の組織構造に応じて、機能を集約して本社に法務部門を設置するか、現場での機動的な意思決定・リスク管理に資するために本社に加えて、事業部門内や国内外の大規模な支店・現地法人・グループ会社に

4　なお、この点、瀧川英雄『レベルアップを目指す企業法務のセオリー 応用編―― 一段上の実務とマネジメントの基礎を学ぶ〔第２版〕』（第一法規、2023）では、法務部門の活動計画に組み込む業務の一例として「契約書ひな形・マニュアル等の作成」「社内の法務研修等の開催」「法改正への対応」「法務部門内の人材育成」「グループ会社を含む法務体制・組織の整備」が具体的な内容と共に挙げられていて参考になる。

分散して設置されたりしている。法務部門を経営トップから数え
て何階層目に設置するかも検討されている。なお、組織構造は、
法務部門の担当業務とも密接に関係する。担当業務量が多く、担
当範囲が広ければ、法務部門の規模は大きく、法務部門内部の組
織を増やすことが合理的となる。また企業・法務部門を取り巻く
環境変化が激しく、新しい業務・新しいリスクが生じるため、各
部門がサイロとなって見落とすことがないように、法務部門に隣
接する他部門との連携や定期的な業務の見直しが重要となってい
る。

☞**法務部門実態調査**

　法務部門実態調査によると、法務部門の主管率・関与率が高い
業務には訴訟等管理、法律相談、契約関係、グループ会社に対す
る法務支援、債権管理・担保管理、M&A 等が、他部門と共管し
ている業務、法務部門の関与率が低い業務には知的財産権、株主
総会・株主対応、企業倫理・コンプライアンス、コーポレートガ
バナンス、リスクマネジメント、労働問題が挙がっている。

---

④　**法務部門の Systems**（経営システム）は、その戦略実行の
ため、業務分掌規程等で法務部門の役割・業務範囲が規定され、
職務権限規程等で法務部門の権限が規定される。法務部門の役割
は、法務リスクの管理、コーポレートガバナンス、内部統制、コ
ンプライアンス等が主なものである。法務部門の主な権限は、重
要な投資・事業等の決裁手続に意見を述べる権限、契約審査権限、
外部弁護士の起用の決定・弁護士費用の支払承認権限、訴訟の開
始・和解等終結の決裁権限等であろう。また、法務部門の業務遂
行にあたって社内の必要な情報を入手できるように、社内の各部
門・グループ会社に訴訟・損失・トラブル等発生時の報告制度が
整備されている。人事制度は、全社の制度に基づくが、人事部門

の支援を得て、法務部門主導の新卒・キャリア採用、海外研修生派遣等の育成を行う法務部門もある。戦略実行に必要な予算・費用は、全社の制度に基づき、前年比で管理されるのが一般的である。法務部門の業務を高度化・効率化するために、案件管理（Matter Management System）、契約ライフサイクル管理（Contract Lifecycle Management）、電子請求（e-Billing）、電子契約（e-Signature）などのリーガルテックも System（経営システム）に含まれる。

> **☞ 法務部門実態調査**
> 　法務部門実態調査によると、多くの企業で、重要案件に「検討・企画より関与している」、「紛争・訴訟発生時に法務部門への相談が義務づけられている」等の整備がなされている一方で、「法務部門が重要案件の交渉に主体的に関与できる地位にある」のは全体の27.6％程度と少なく思われる。

　⑤　**法務部門の Skills**（組織スキル）は、その戦略を実行するために組織として持つスキルである。法務部門は、訴訟・仲裁等トラブルの管理・解決能力、新規事業・M&A におけるリスク管理能力や課題解決・代替案創出等の案件推進能力等のコアスキルを保有している。各社の戦略、その時々の戦略に応じて、株主・取締役その他ステークホルダーとのコミュニケーション能力、コーポレートガバナンス・内部統制・コンプライアンスにおける経営リテラシー・マネジメント能力、外部弁護士のマネジメント能力、リーガルテックの技術活用力、人材育成力といった能力をリスキリングしている。

> **☞ 法務部門実態調査**
> 　法務部門実態調査によると、新卒者から経験のある弁護士まであらゆる層において、採用面接・配属で重視する事柄として

56.6％〜74.3％と高い割合で挙げられているのが「コミュニケーション能力」であった。

⑥　**法務部門の Staff**（人材）は、専門性の高い法務業務を遂行するため、国内外の弁護士資格、他社法務経験、法学部卒・法科大学院卒など、法務の特性のある人材を配置するのが一般的である。法務部門の人数や人材の備えるべき特性は一様ではなく、会社・法務部門の戦略・規模その時々のニーズによって、人数、国籍、使用言語、経験年数、国内外の弁護士資格の有無、職務経験等の多様性は拡がり、変わっていく。たとえば、国内事業中心の企業が、グローバル展開を拡大している場合、国内のジェネラルコーポレートから、現地生産・国際貿易・経済制裁の専門性を加え、進出先の弁護士資格を有する人材を内製化したり、競争法に違反した企業が主要国で競争法の専門性を持つ人材を大量採用したり、リーガルオペレーションズを進めるために海外企業でのリーガルオペレーションズ経験やコンサルタントして組織変革・DX 経験を持つ人材を採用してチームを立ち上げたり、ということがある。CLOC の求人情報では、「Senior Counsel, Outside Counsel Management」や「VP, Legal Operations and Process Automation」といった役割も見られる。

⑦　最後に**法務部門の Style**（組織文化）については、自由闊達な議論を重視する文化、属人的・専門的になり過ぎずオープンに連携し助け合うことを重んじる文化、失敗を恐れずにチャレンジを応援する文化、規律を重んじる文化など、さまざまである。組織文化は、法務部門員が共有する、信念・価値観・行動規範の集合体で、法務部門員の思考・行動に影響を与える。その姿をはっきりと捉えることは難しいが、法務部門員に共通する行動パター

ン等から推測できるものである。組織文化は、ビジョン・理念、経営戦略、リーダーシップ、外部環境、組織の成功・失敗経験、人事戦略、組織構造、人事制度、象徴、儀礼、言葉、逸話等さまざまな要素から影響を受けながら形成され、維持、変容されていく。組織文化を変えたいときは、はっきりと文化を変えると明確な言葉にして法務部門員に伝え、目指す文化に合ったリーダーを選び育て、文化について組織で対話し変化の重要性を強調し、人事制度を活用して目指す変化を促すことが必要となる。

　法務部門のマネジメントは、これら7Sが互いにどこがつながっているか、整合性が取れているか、整合性が取れていないとすれば各Sのうちどこをどう変えれば整合性が取れるのか、外部環境に対して7Sを見直す必要がないか、7Sを見直す場合どこからどういう順番で何を変えていくかといったことを把握・検討し、施策を打つことで実行されている。**ハードの3Sのほうがソフトの4Sよりも変えやすいため、ハードの3Sを変えることでソフトの4Sを変えていくことが組織変革の定石である。**

　日本企業における法務部門のマネジメントで特に難しいのは、当該企業単体の法務部門だけでなく、国内外に子会社となった経緯、規模、事業、地域、リスク等のさまざまな子会社・孫会社（以下併せて「グループ会社」という。）があり、それぞれに法務部門があったりなかったりする場合の企業グループ全体の連結ベースでの複雑なマネジメントである。

☞ 法務部門実態調査

　法務部門実態調査によると、国内グループ会社のある企業でその全部または一部に法務部門があるという企業は37.7％、海外グループ会社のある企業でその全部または一部に法務部門があるという企業は39.6％であった。

3-2 │ 具体的な場面

① 企業グループ全体・連結ベースでの法務部門のマネジメント

親会社法務部門がグループ全体の法務部門のマネジメントを行うにあたっては以下のような取組みがなされている。

連結ベースでの法務部門の Shared Values（共通の価値観）の醸成、Strategy（戦略）の共有は、グローバルでのグループ法務会議、日本・米国・欧州等の国・地域でのグループ法務会議、親会社法務部門の責任者とグループ会社法務部門の責任者間の 1 on 1、親会社法務部門とグループ会社法務部門の定期対話等の施策により行われている。

連結ベースでの法務部門の Structure（組織構造）については、各グループ会社における法務部門の有無、有の場合の組織・人員等の状況、無の場合の当該グループ会社の法的リスクの内容を把握することが必要となる。グループ会社が数社であれば直接聞くことも可能であるが、数百社となると書面等によるアンケート調査により把握している。グループ会社に法務部門がある場合、グループ会社の法務部門を活用することができるが、法務部門がない場合はニーズ・リスク等に応じて(i)法務部門を設置する、(ii)外部弁護士事務所を活用する、(iii)親会社法務部門が直接法務業務を行う、ことを検討する。

連結ベースでの法務部門の Systems（経営システム）について、後述する内部統制の基本方針の一環として、(i)ガバナンス・コンプライアンス・法務リスク管理に関する指針を親会社法務部門がグループ会社法務部門に示すこと、(ii)親会社の事前承認事項と

なっている重要な投資・事業等については親会社法務部門が意見を述べること、(iii)親会社への報告事項に法務部門が所管する訴訟・損失・トラブルの発生報告を含めること等により、グループ会社法務部門のマネジメントに関与している。グループ会社法務部門の人事制度や予算については、各グループ会社の規定に従う。

連結ベースでの法務部門の Skills（組織スキル）は、グループにある程度共通して必要となるスキルについて親会社法務部門からグループ会社法務部門に伝えたり、上述の 1 on 1 等を通じてグループ会社法務部門の取組状況をヒアリングしたりすることで管理されている。

連結ベースでの法務部門の Staff（人材）については、親会社法務部門は、上述のアンケート調査によってグループ会社法務部門の人員を把握し、出張時の面談、グループ法務会議等への招待、法務部門だけでなくグループ全体の研修（たとえば人事部門主催のグループワークショップ等）を通じて、接点を持つようにしている。グループ会社法務部門の人材は、グループ会社の本社所在地・活動地域の弁護士資格保有者等、グループ会社のリスク・ニーズに応じた特性を持つ。またグループ会社買収後の統合業務（Post-Merger Integration）や、グループ会社法務部門の立ち上げ業務等を行う場合や、親会社にとってグループ会社がその規模・機能において重要なグループ会社である場合など、親会社法務部門からグループ会社法務部門に出向等で人員を派遣することがある。

連結ベースでの法務部門の Style（組織文化）については、グループ会社法務部門においては、各グループ会社の文化をベースとした組織文化となっている。連結ベースで法務部門共通の組織文化としては、親会社法務部門の発する Shared Values 等のメッセージ、国を問わず法務従事者に共通する価値観、各グループ会

社の組織文化等の混ぜ合わさったものが考えられる。

② 内部統制の基本方針を踏まえたグループ会社管理の考え方

　企業グループ全体の連結ベースでのマネジメントは、法務部門特有の課題ではなく、企業集団の経営全般であり、ガバナンスの課題である。なお、他のコーポレート部門と比較すると、たとえば財務部門では資金調達機能を本社の財務部門に集約することでマネジメントし、グループ会社の財務部門（決済機能）や人材育成については特段関与しないといった濃淡をはっきりつけている印象がある。一方、法務部門では、訴訟やコンプライアンス事案の報告、重要事項の意思決定等を本社の法務部門に集約したとしても、グループ会社によっては現場での法務リスクマネジメント機能が重要となることからグループ会社の法務機能強化や人材育成について親会社法務部門がある程度関与することも必要となってくるが、リソースも十分ではなく線引きが悩ましいとの意見もあった。会社法362条4項6号・5項では、企業集団全体としての経営管理体制、コンプライアンス体制やリスク管理体制を含む内部統制の在り方を、親会社の取締役会が決定しなければならないと定めている。適切なグループ経営のために、親会社はグループの経営理念・経営戦略・基本方針をグループ会社に示したり、親会社とグループ会社間で経営管理契約を締結したり、グループ会社の事業戦略・計画上の重要事項について親会社の事前承認事項としたり、グループ会社の重要事項の実施状況を親会社への報告事項としたり、親会社がグループ会社の監査を行ったりしている。

　親会社のグループ会社に対する関与は一律ではなく、グループ

全体の共通の枠組みの範囲内（親会社が日本法人で上場企業の場合、会社法・金融商品取引法・東証上場規則等親会社に連結ベースで適用されるルールを満たし、グループ全体の経営理念を実行するのに十分な範囲）で、グループ会社の規模・役割・活動地域、グループ会社となった経緯、親会社との地理的・その他の距離、グループ会社自身の内部統制体制等に鑑み、リスクベースで関与の在り方を決めていくことになる。

③　親会社責任

　通常、親会社がそのグループ会社の行為に責任を負うことはない。しかしながら、グループ会社の所在する国の法令・判例上、ある一定の状況下では、親会社の責任を認めたり（たとえば、ニューヨーク州法では親会社がグループ会社を完全に支配し、かつ、かかる支配が相手方に不正行為を行うために用いられた場合に裁判所はグループ会社の法人格を否認することができる等）、親会社の裁判管轄を認めたりする場合がある。

　親会社の法務部門がグループ会社の法務部門に関与するマネジメントの範囲であれば、特に問題となることは想定されないものの、親会社の法務部門がグループ会社の法務部門のオペレーションにまで入っていくのは軋轢が生じそうで躊躇される。また、親会社が内部統制等の観点で、グループ会社の訴訟等の紛争に関する情報を調査・把握することがあるが、通常親会社とグループ会社のコミュニケーションは、グループ会社が起用する弁護士とグループ会社との間の秘匿特権によっては守られないので注意が必要である。

④ 親会社法務部門のリソース

　親会社の取締役にグループ会社の管理責任があるとしても、親会社の中におけるグループ会社の管理担当は、グループ会社の決算に責任を持つ事業部門等であることが一般的であり、親会社の法務部門がグループ会社の法務部門の管理を行うことは稀である。

　親会社の事業部門としては、グループ会社を持続的に成長させることが目的であるところ、内部統制の整備が足りずブラックボックス化してしまうことも、グローバルな多角化した親会社の複雑な内部統制の基準を、現地国内の単一事業のグループ会社にそのまま適用して過剰で不要なコストがかかることも避けたいと考える。

　親会社の法務部門としても、グループ会社各社の実情を把握し、グループ会社と十分対話のうえ、グループ会社の法務部門の設置の要否を含め、法務分野のマネジメントを進めることになる。しかしながら、グループ会社が数十か国に設立され、数百社に及ぶ場合など、各法域・各グループ会社の特性を把握して法務部門のマネジメントを行うことは親会社法務部門の限られた人員では困難であり、グループのグローバルな統一基準を適用しつつ、カスタマイズは親会社の事業部門、グループ会社、現地弁護士に任せることも出てくる。グループ会社に法務部門がある場合、親会社の法務部門と直接コミュニケーションしたいという要望が上がることもある。

⑤ 指揮命令系統

　グループ会社に法務部門がある場合、グループ会社の法務部門の責任者に対する指揮命令系統はどのようになっているのであろ

うか。この点、経営法友会内に設置された「法務組織運営研究会」の議論を跡づける論稿「グローバルのレポーティング体制[5]」ではレポートラインの3類型、縦型レポートライン、横型レポートライン、ハイブリッド型レポートラインを紹介している。縦型レポートラインは、グ

図1　縦型レポートライン
※純粋な縦型組織。事業会社の社長へのレポートラインはない。

グローバルのCEO
グローバルの法務責任者
地域統括の法務責任者
各国の法務責任者

ローバル外資系企業に多く見られるもので、グループ会社の法務部門の責任者の上司は、グループ会社の社長ではなく、地域統括の法務責任者またはグローバルの法務責任者となっている、法務部門だけで縦でつながっているシステムである（図1）。

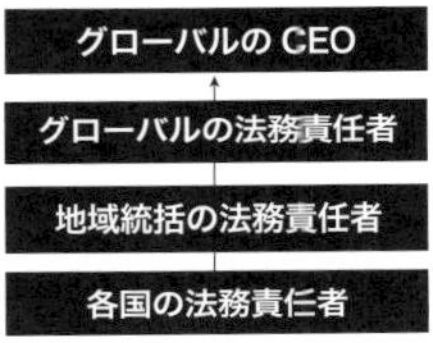

横型レポートラインは、各国のグループ会社の法務責任者の上司は、グループ会社の社長であり、グローバルの法務責任者と縦につながっておらず、各国のグループ会社内（縦に対して便宜的に横）でレポートラインが完結しているシステムである（図2）。

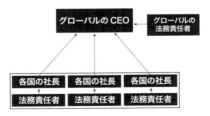

図2　横型レポートライン
※グローバルの法務責任者へのレポートラインはない。
　各国の事業会社内で完結。

5　中川裕一「グローバルのレポーティング体制」経営法友会リポート471号（2013）11頁。

ハイブリッド型は、法務部門の縦、グループ会社の横の両方に指揮命令系統が存在し、いずれかが主でもう一方が従となっているものである（図3）。

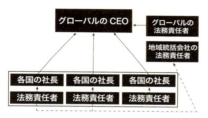

図3　ハイブリッド型レポートライン
※法務の責任者は原則として、事業会社の社長へレポート。
　ただし地域統括会社の法務責任者へのレポートラインもあり。

また、指揮命令系統は、人事権・予算権とセットでなければ機能しないとの意見も述べられている。なお、これらは各国のグループ会社の社長の上司がグローバルのCEOであることを前提とされているようだが、各国のグループ会社の社長のレポートラインがグループ会社の取締役会であったり、グローバル本社の事業責任者や地域責任者であったりすることが考えられる。

> ☞ **法務部門実態調査**
> 　法務部門実態調査によると、縦型レポートラインは国内10.2%・海外6.9%、横型レポートラインが国内54.3%・海外46.1%、ハイブリッド型レポートラインは国内20.4%・海外23.4%と、「傾向としては親会社法務部門の統制下ではなく、グループ各社の独立性の下にグループ会社の法務部門が置かれていることがうかがわれる」と述べられている（実態調査126頁）。

⑥ 弁護士法72条

　グループ内のすべてのグループ会社に法務部門があるわけではない場合や、グループ会社に法務部門があったとしても知見のない分野で親会社法務部門にノウハウがある場合など、親会社法務部門がグループ会社にかかわる法務業務をグループ会社の依頼を受けて行ったり、支援したりすることがある。この場合、日本の弁護士法72条に違反しないか、問題提起されることがあるが、日本弁護士連合会の見解、法務省の見解を踏まえても、法務部門のマネジメントが違反することはないと考えられる[6]。

　なお、米国では、American Bar Association Model Rules of Professional Conduct Rule 5.5 (Unauthorized Practice of Law; Multijurisdictional Practice of Law) Paragraph (d) において、次のように親会社法務部門員が子会社を支援することが認められている[7]。

> (d) A lawyer admitted in another United States jurisdiction or in
>
> a foreign jurisdiction, and not disbarred or suspended from practice in any jurisdiction or the equivalent thereof, or a person otherwise lawfully practicing as an in-house counsel under the laws of a foreign jurisdiction, may provide legal services through an office or other systematic and continuous presence in this jurisdiction that:
>
> (1) are provided to the lawyer's employer or **its organizational affiliates,** are not services for which the forum requires pro hac vice admission; and when performed by a foreign lawyer

---

6　2016年6月30日法務大臣官房司法法制部「親子会社間の法律事務の取扱いと弁護士法72条」。

7　https://www.americanbar.org/groups/professional_responsibility/publications/model_rules_of_professional_conduct/rule_5_5_unauthorized_practice_of_law_multijurisdictional_practice_of_law/

74 ■——Core 3 マネジメント

> and requires advice on the law of this or another U.S.
> jurisdiction or of the United States, such advice shall be based
> upon the advice of a lawyer who is duly licensed and
> authorized by the jurisdiction to provide such advice; or
>
> (2) are services that the lawyer is authorized by federal or
> other law or rule to provide in this jurisdiction.

　上記の解説（Comment on Rule 5.5: Unauthorized Practice of Law; Multijurisdictional Practice of Law（americanbar.org））も参照されたい[8]。

> [16] Paragraph (d)(1) applies to a U.S. or foreign lawyer who is
> employed by a client to provide legal services to the client or its
> organizational affiliates, i.e., entities that control, are controlled
> by, or are under common control with the employer. This
> paragraph does not authorize the provision of personal legal
> services to the employer's officers or employees. The
> paragraph applies to in-house corporate lawyers, government
> lawyers and others who are employed to render legal services
> to the employer. The lawyer's ability to represent the employer
> outside the jurisdiction in which the lawyer is licensed generally
> serves the interests of the employer and does not create an
> unreasonable risk to the client and others because the employer
> is well situated to assess the lawyer's qualifications and the
> quality of the lawyer's work. To further decrease any risk to the
> client, when advising on the domestic law of a United States
> jurisdiction or on the law of the United States, the foreign
> lawyer authorized to practice under paragraph (d)(1) of this Rule
> needs to base that advice on the advice of a lawyer licensed and
> authorized by the jurisdiction to provide it.

8　https://www.americanbar.org/groups/professional_responsibility/publications/
model_rules_of_professional_conduct/rule_5_5_unauthorized_practice_of_law_
multijurisdictional_practice_of_law/comment_on_rule_5_5_unauthorized_
practice_of_law_multijurisdictional_practice_of_law/

📑 アーカイブ

本コアに関連しては、阿部博友（一橋大学法学研究科教授）「海外法務拠点の機能分析──法務組織のグローバル化とその論点」NBL958号（2011）では、企業のグローバル経営体制のもとでは法務リスクに対応するために、法務組織の分散化が必要であるとして、「法務組織の分散化の利点と問題点」、「海外法務拠点構築を検討すべき状況」をわかりやすくまとめている。また分散型組織の例として海外法務拠点について、ハイブリッド型レポートラインを前提として、「海外法務拠点においては法務中枢組織への報告義務と地域経営拠点への報告義務（指揮系統）が生じる。この二重の指揮系統を以下に調和させるかが、法務地域拠点の効率的運営の重要なポイント」としている。分散型法務組織を効率的に運営する具体策として、人事異動による流動性、法務部門長による明確な方針伝達、人事査定ルートの工夫、グローバル法務会議等が挙げられている。

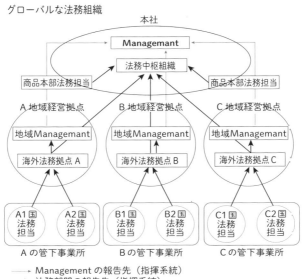

グローバルな法務組織

また、経済産業省に設置された「国際競争力強化に向けた日本企業の法務機能の在り方研究会」（在り方研究会）は、2018年4月の報告書で日本企業の組織・オペレーション上の課題として、日本企業にはGCまたはCLOが設置されていない、または、法務の責任者が経営会議等に参加していない等によって経営と法務がリンクしていないこと、法務部門がビジネスリーダーの指揮命令の下に服しているケース、ビジネスリーダーへの遠慮から、ガーディアン機能が必ずしも十分に発揮できないケースがあると指摘している。前者に対する対応策として、法務部門を統括し、取締役・執行役・執行役員等の行為のポジションで、経営陣（取締役会、執行役会、経営会議等の実質的経営意思決定機関）の一員としての職責を果たす、経験を積んだ、熟練した法律のプロフェッショナルをGCまたはCLOとして設置することを挙げている。後者に対する対応策として、専門性を持ったリーガルアドバイスが適切に経営層・事業部門に伝わるようなレポートラインとすべきで、子会社・カンパニー・事業本部等に法務部門が存在する会社では以下の図のようにビジネス軸（事業軸）とは別に、ファンクションのレポートライン（機能軸）を設定し、業務上の指揮命令権を法務部門で確保することを挙げている。

（在り方研究会報告書29頁より抜粋）

アーカイブ

　エイミー・C・エドモンドソン著、野津智子訳『チームが機能するとはどういうことか』（英治出版、2014）では、変化と競争が激しく、複雑さを増す企業環境において、組織におけるチーミング、協働し組織として学習することの重要性が増していること、チームが機能するためには組織における心理的安全性が基盤となることが示されている。NBL1256号（2023）「心理的安全性の基礎知識」では関東学院大学経営学部松下将章准教授は、上司の支援、同僚から得られるアドバイス等により、組織としての心理的安全性が高まることで、メンバー自身のストレスが下がり、チーム内でのコンフリクトが低減されること、また同時に、心理的安全性が高いと自身の属する集団をより良くするためにアイデアの提言・知識共有・率直なフィードバック等の学習活動・創造的活動に取り組むといった投資的行為をしようという動機づけが高まり、それがチームの成果に結びつくこと、が紹介されている。法務部門のマネジメントにおいても組織の「心理的安全性」について考えることが重要となっている。

☞法務部門実態調査

　法務部門実態調査では、すでに挙げたものを含め、法務部門のマネジメントの参考となる多くの情報が得られる。

①　レポートライン（指揮・命令系統）

　法務部門の直接のレポートラインは、社長等経営トップ層が11.6％、専務常務等の役付き役員が11.2％、ジェネラルカウンセル（GC）・最高法務責任者（CLO・最高コンプライアンス責任者（CCO）は1.2％（10社）、それ以外は上位組織である本部・部等である（実態調査9頁）。

　法務部門の経営トップからの距離は、社長直属の1階層目に位置づけられる企業は10％、担当役員の直下となる2階層目は42.8％、3階層目（2階層目の直下の1部門）以下が47.2％である。法務部門の規模が大きいほど経営トップに近い階層に位置づけられており、法務担当者数31名以上の「メガクラス法務」では1階層目と2階層目併せて80.4％、大規模法務（法務担当者数11〜30名）で69.8％となる（実態調査10頁）。

法務部門内のレポートラインについて、法務部門を社内に分散配置している企業は10.5％（120社）であるところ、そのうち73.3％は本社法務部門が分散配置先の法務担当者に対して、定期的にレポートさせる仕組みを構築している。分散配置しつつ、定期的なレポートの仕組みがない会社については、分散先に権限が委譲されており、本社法務部門ではなく、事業部等分散先にレポートする仕組みがある、または、本社法務部門との会議やミーティング等、他の何らかの機会に事実上レポートする仕組みがあると考えられる（実態調査17頁）。

また、親会社の法務部門とグループ会社の法務部門とのレポートラインについて、国内・海外のグループ会社の全部または一部に法務部門を設置してる会社のうち、①親会社の法務部門に権限があるのは、国内グループ会社で10.2％、海外グループ会社で6.9％、②各グループ会社の役員・上位組織に権限があるのは国内グループ会社で54.3％、海外グループ会社で46.1％、①と②のハイブリッド型が国内グループ会社で20.4％、海外グループ会社で23.4％である。海外においては地域統括会社に設置した法務部門に権限があるとする会社も19％あり、グループ会社毎にこれらを使い分けている会社が13％前後ある。傾向としては、親会社法務部門の統制下ではなく、グループ各社の独立性の下に法務部門が取り扱われている（実態調査126頁）。

②　目標・方針

法務部門の目標・方針について、定性的な目標を設定して、管理している法務部門が大半である。定性的な目標を設定している会社が56.7％、定量的目標と定性的な目標の両方を併用している会社は25.5％で併せて8割を超えている。定量的な目標のみは2.6％で、定量・定性併用と併せても定量的目標を設定している会社は3割に満たない。目標管理をしていない会社も14.7％あり、資本金100億円未満に集中している（実態調査134頁）。

定量的な目標の例は、「回答までの期限」、「契約書審査の件数」、「研修件数」、「社内顧客の満足度（アンケート結果等）」などで複数の定量目標を設定・管理している会社もある。

定性的な目標は、「毎年組織目標を設定」するもの、「担当者ごとに目標や課題を設定」するもの、「中期経営計画・経営戦略とリンクした組織目標を設定」するもの、「人事考課システムとリ

ンクした目標を設定」するもの、これらを組み合わせるものとなっている（実態調査135頁）。

③　グループ会社法務部門との連携

　上述のレポートライン以外の、親会社法務部門とグループ会社法務部門の連携において、組織運営・モニタリングの在り方については「関与していない」が国内グループ会社でも海外グループ会社でも46〜48％となっている。次いで「法務部門の理念・戦略・組織に関与している」が24％程度、「弁護士・委託業者の選任に関与している」が国内21.7％、海外15.9％、「採用・出向・人事異動に関与している」が12〜14％程度である。少数ではあるが「人事考課・賞罰・処遇に関与している」、「定期的に法務監査を実施している」、「シェアードサービス制度を導入している」などの実例もある（実態調査126頁）。

　また、法務案件への関与・サービスの提供の在り方については、「重要案件に関与している」が国内グループ会社に対して57.7％、海外グループ会社に対して64.2％、「法務相談・契約書審査に関与している」、「訴訟・紛争に関与している」、「知識・ノウハウなどについて情報を提供している」、「リスク管理・危機対応に関与している」がいずれも30％以上であり、上述のレポートラインや組織運営・モニタリングよりも、実務面では連携がとれている。

　グループ会社の法務部門とのコミュニケーション・情報共有は、国内グループ会社とは「日常的にコミュニケーションを行っている」（39.2％）、「定期的な会合を持っている」（36.3％）、「法務部門の文化・価値観を共有している」（25.8％）、「定期的な報告を求めている」（25.1％）、「親会社に相談窓口を設置している」（24.8％）、「人事交流を行っている」（24.3％）といった取り組みが見られる。海外のグループ会社とは「定期的な会合を持っている」（36.4％）、「定期的な報告を求めている」（33％）、「日常的にコミュニケーションを行っている」（29.9％）が3割を超えているが、「何もしていない」（23.4％）がこれに続く。

　法務部門のないグループ会社を親会社の法務部門がどのように管理・把握しているかについては、国内グループ会社については「法務相談・契約書審査に関与している」（68.4％）、「重要案件に関与している」（53.0％）、「親会社の法務部門が直接指導してい

80 ■──Core 3 マネジメント

る」（49.2％）、「訴訟・紛争に関与している」（47.4％）、「リスク
管理・危機対応に関与している」（32.9％）、「弁護士・委託業者
の選定に関与している」（30.3％）が3割を超えている。海外の
グループ会社については、3割を超えたのは「法務相談・契約書
審査に関与している」（45.1％）、「重要案件に関与している」
（42.9％）、「訴訟・紛争に関与している」（30.4％）のみであった
（実態調査129頁）。

3-3 ┃ 本コアとは

　日本版リーガルオペレーションズ研究会で、コア8の検討を始
めるにあたって、各研究会メンバーの考える自社の法務部門のオ
ペレーション上の課題を各自8つずつ挙げて持ち寄ったところ、
ほぼ全メンバーがグローバルマネジメント、つまりグローバル企
業におけるグローバルでのレポーティングライン・法務部門の組
織運営を課題として挙げた。上述のとおりコア8の検討にあたっ
ては、米国の CLOC の12のコア、ACC の14のコアを参考にした
ところ、CLOC・ACC のいずれにも法務部門のグローバルマネジ
メントに該当するものはなかった。米国ではグローバルな展開を
行う米国企業は、グローバルに統合されたマネジメントをすでに
行っているため、米国のリーガルオペレーションズのコアには挙
がらないのかもしれないと思われた。

　グローバルな活動を行う日本企業、これからグローバルを目指
す日本企業の法務部門だけでなく、法務部門という組織が規模に
応じて適切に運営されていることは、法務部門が経営から期待さ
れたパフォーマンスを発揮するうえで必要不可欠であることから、
マネジメント＝法務部門におけるレポートラインの標準化と組織
内連携の強化を日本版リーガルオペレーションズにおけるコアと

して位置付けた。

　なお、マネジメントの要素は法務部門だけのものではなく、企業全体のビジョン・戦略・制度・組織等に依拠するところも多いので、法務部門のマネジメントにおいては、これらの正しい理解と運用、企業全体と法務部門の整合性が重要となる。また、法務部門発信で企業全体に良い影響を及ぼすマネジメントの取組となることも考えられる。

　本コア「マネジメント」では、「法務部門におけるレポートラインの標準化と組織内連携の強化」を中心に取組みを示している。なお、本来マネジメントは広い概念であるところ、広すぎるとフレームワークの提供ができなかったこと、また、本研究会の関心は、グローバルな連結ベースのマネジメントであり、その根幹が法務部門内のレポートラインと組織内の連携であったことから、コア8ではマネジメントの定義を狭く絞っている。さらに、本研究会の関心がグローバル・連結マネジメントであるものの、コア8を利用いただける方の中には、グループ会社が存在しない等、単体法務部門のマネジメントが最終目標である会社の方も想定されたことから、レベル1〜レベル3の構成にあたっては、単体のみのマネジメントをレベル1、グローバル・グループマネジメントをレベル3とするとのではなく、全社をレベル1〜3で対象としつつ、「グローバル企業・大企業」を別建てとした。

　レベル1は「レポートラインが定められている段階」、レベル2がレポートラインを活用して「法務部門内で連携されている段階」、レベル3が法務部門内の連携が強化され「マネジメント情報・ノウハウの共有・活用が活発になされている段階」としている。また、世界各国で事業展開し複数国に法務部門を擁するグローバル企業や、事業部門・子会社等にも法務部門がある大規模

Core3 マネジメント	法務部門におけるレポートラインの標準化と組織内連携の強化	
レベル1	**レベル2**	**レベル3**
レポートラインが定められている段階	法務部門内で連携されている段階	マネジメント情報・ノウハウの共有・活用段階
□レポートライン・報告基準が定められている □法務組織の役割が定義されている **＜グローバル企業・大企業の場合＞** □HQは、主要な子会社の法務部門の有無・法務担当者のスキル・経験等現状が把握できている。但し、全てではない □各社の法務部門が、各自で業務を遂行し、必要性が生じた場合のみ、他法務部門と連携している	□法務部門全体の方針があり、期初に周知や徹底の場が設定されている **＜グローバル企業・大企業の場合＞** □HQは、グローバルで法務部門の有無・法務担当者のスキル・経験等現状が把握できている □グローバルGCをトップとするレポートライン・報告基準や人事権（任免・評価）が整備されている □組織間の情報共有や連携強化に向けて、グローバルGC/ローカルGC間の定例会議や共通サイトが設置されている □連結グループ全体での法務リスク管理・報告基準が適切に運用され、全体像が定期的に把握できる □属人的ではあるものの、タテだけでなく、ヨコの法務部門間の連携がなされている	□法務部門全体の中長期の目指す姿・メンバーに対する期待が明確に共有されている □One Teamとして、活発にマネジメント情報やノウハウが共有・活用される **＜グローバル企業・大企業の場合＞** □グローバルGCの予算の承認権限がある □グローバルGCとローカルGC間、ローカルGCとローカルGC間の緊密な連携関係が構築できている □法務部門のグローバル運営や連携強化を担う専任者・組織が設置されている □連結グループ全体での法務リスクがリアルタイムで確認できる仕組みが運用されている □ヨコヨコの法務部門間の連携が、属人的ではなく、仕組化され、継続されている
＜レポートラインの例＞ ・法務部門長から法務担当役員又は社長に（外資の場合は、海外の法務部門の責任者（グローバルGCやCLO））対するレポートライン **＜役割定義の例＞** ・法務に関する組織・業務分掌・職務権限規程 **＜グローバル企業・大企業の例＞** ・各国の法務部門間の個別案件ベースの相談	**＜周知徹底の場が設定されている例＞** ・定例会議の設定と資料共有 ・議事録 ・月報等報告書 **＜グローバル企業・大企業の例＞** ・グローバルベースでの法務に関する組織・業務分掌・職務権限規程 ・グローバル法務ポータルサイト	**＜中長期の目指す姿・メンバーへの期待の例＞** ・法務のミッション・ビジョン・バリュー **＜グローバル企業・大企業の例＞** ・グローバルな法務の予算ポリシー ・グローバル法務会議・月例法務会議の資料・議事録 ・グローバルリーガルオペレーション責任者・組織

企業については、「マネジメント」の対象が増え、複雑さが増すことから、複数の法務部門をマネジメントする観点で、各レベルにおいて別建てのチェックボックスを設けている。イメージとしては、レベル1は各法務部門が個別に活動している段階、レベル2は法務部門間の連携がなされている段階、レベル3は法務部門が統合されている段階である。

　なお、**「マネジメント」は、他の7つのコアと密に関係している**。法務部門が組織として成果をあげるためには目標・優先順位を示す「戦略」が必要で、戦略を実行するために「マネジメント」によってリソースを有効活用する。マネジメントの対象となるリソースは、カネ＝「予算」、ヒト＝「人材」、モノ・情報＝「業務フロー」・「ナレッジマネジメント」・「外部リソースの活用」・「テクノロジーの活用」であると位置付けられる。

1　レベル1

　レベル1はレポートラインが定められている段階である。

　企業内に法務部門が設置される以上は、法務部門の人数にかかわらず、法務部門長の上司や指揮命令系統が設定される。また、法務部門長がその上司に報告すべき重要事項の報告基準も定められる。なお、法務部門の内部においても、同様に指揮命令系統・報告基準が定められている。通常は、組織図、組織業務分掌規程、職務権限規程等で明文化されている。レポートライン＝指揮命令系統の例としては、すでに見てきたように複数考えられるが、法務部門長が法務担当役員または社長にレポートするものや、外資系企業に多く見られるが日本法人の法務部門長から地域統括会社またはグローバルHQのジェネラルカウンセル・Chief Legal Officerにレポートするものを挙げている。

法務部門の役割、権限、義務についても、組織規程、業務分掌規程等で明文化されるのが一般的であろう。法務部門の役割としては、訴訟等管理、法律相談、契約関係等が主なものであり、株主総会・株式業務、取締役会・コーポレートガバナンス業務、コンプライアンス業務は法務部門で主管している企業もあれば、それぞれ総務部門、経営企画部門、コンプライアンス部門等が主管している企業も一定数多い。なお、企業環境の変化により、戦争やその対抗措置としての経済制裁等各国政府のアクションへの対応、人権にまつわるサプライチェーンマネジメントなど、従来の法務業務の延長線上ではカバーできないリスクも生じており、法務部門のサイロに閉じこもらずに、関係部門とよく連携して、所管業務を適宜見直すなど、対応が必要である。また、法務部門の役割が適切に果たせるように、重要案件に法務部門が早期に関与できる仕組み作りが有用である。

＜グローバル企業・大企業の場合＞
●HQ は、主要な子会社の法務部門の有無・法務担当者のスキル・経験等現状が把握できている。ただし、すべてではない。
●各社の法務部門が、各自で業務を遂行し、必要性が生じた場合のみ、他法務部門と連携している。

　法務部門を分散型で配置しているグローバル企業・大企業の場合、海外法務拠点には継続的に本社員を派遣しており、各拠点で採用した企業内弁護士や法務担当者と協働して業務を遂行しているため、HQ においてそのスキル・経験等を把握して、育成・登用を行っている。

　一方でグループ会社の数が数百社に及ぶ企業や、M&A 等で急拡大している時期においては、事業部門やその主管グループ会社

の法務組織・人員については、要請に応じて法務要員を派遣している場合や業務上の直接の関係がある場合を除いて、法務組織・人員の有無、内容を把握できていないこともある。このような状態では、グループ会社各社の法務部門は、自社の経営陣の指揮命令系統で業務を遂行し、必要に応じて本社の法務部門、地域の法務拠点、他のグループ会社の法務部門とコミュニケーションをとっている。

② レベル2

レベル2は法務部門内で連携が取れている段階である。　レベル1で整備された組織・制度のうえに、法務部門全体の方針が策定され、部門内に周知・徹底されている状態である。方針の策定も、組織の環境や人員構成等によって、トップダウン、ミドルアップダウン、ボトムアップ等さまざまな方法・手順が考えられる。

＜グローバル企業・大企業の場合＞

グローバル企業・大企業においても、海外法務拠点や事業部門を通じて、グループ各社における法務組織・人員を把握しており、指揮命令系統・報告基準・人事権が整備されていて、法務リスクの全体像を定期的に把握できる状態である。またグループ内の法務組織間の情報共有・連携強化のため、グローバル法務会議、地域法務会議等の定例会議が開催されたり、グローバル法務共通のポータルサイト・SNS等が運用されたりして、グループ各社の法務部門が対HQだけでなく、グループ会社間でも連携が取れ始めている状態である。

グループ会社に法務組織がある場合、当該法務組織のトップの

レポーティングラインは所属法人内にとどまるのでよいか、HQや地域法務拠点の法務部門になるべきかは、当研究会でも相当議論した。以下の理由から、当研究会としては、あるべき姿は後者であろうとの結論に至った。

①法務専門家同士の共通言語で何が法務的見地からはベストかを話すほうが効率的である。

②グループ会社の法務組織に、自らの人事考課権を握る上長を含む所属法人への牽制を任せずに、HQや地域法務拠点の法務部門が援護射撃的に牽制することで、いわゆる2線ディフェンスを効果的に発揮することができる。

③「法務目線でやるべきことをやっているか、能力が高いか」という、HQ・地域法務拠点の法務部門によるグループ会社法務人材の評価を、所属法人の上長に伝え、適正な人事考課がなされるよう側面支援できる。

なお、法務部門だけでなく企業集団全体の方針として、レポーティングラインは所属法人内、あるいは事業部門内（いわゆるタテライン）で収まるようにして、各法人や事業部門の自治を尊重しているケースもあろう。しかしこの場合でも、上記①②の理由から、法務部門だけでも所属法人や事業部門を越えたレポーティングラインを志向すべきである。

もっともこの際、以下の点も考慮すべきである。

➤ HQ・地域法務拠点の法務部門がグループ会社法務組織から情報を取得する場合、どのような情報を、なぜ得る必要があるのか、それらをどのルートで得るのかを可視化すべきである。そうでないと、何に使われるかわからない情報について、すでに他部門経由でHQ等に報告済みにもかかわらず、「HQの法務

部門はそのことを知らない」だけの理由で、グループ会社の法務部門が重複的な報告を強いられることになる。

➤ レポーティングラインはグループ会社からHQへの一方通行ではなく、法務部門間のレポーティングラインを通じてグループ会社の法務部門がHQ・地域法務拠点のから得られてしかるべき情報もあるはずである。

③ レベル3

レベル3は、法務部門全体でマネジメント情報・ノウハウが共有され、活用されている段階である。

レベル2までで整備されたハードの3S（Strategy、Structure、System）に加えて、ソフトの4S（Shared Values、Staff、Skills、Style）である法務部門のビジョン、パーパス等の価値感、人材要件についても共有され、ナレッジマネジメントやデータの活用が進んで、法務部門全体が組織として機能している状態である。

＜グローバル企業・大企業の場合＞

グローバル企業・大企業においても、法務部門がOne Teamとして機能している状態で、そのために指揮命令系統・人事権に加えて予算承認権限もHQ・グローバルのGCに集約され、システムの整備により各法務組織の責任者間の連携が密になされるなどほぼすべてのリソースが把握・活用されていて、グループ全体の法務リスクがリアルタイムに確認できる仕組みが運用されている状態である。また、グローバルでのリーガルオペレーションズを担う責任者・組織が設置されている。

3-4 | 参考文献

・ベン・W・ハイネマン Jr. 著、企業法務革命翻訳プロジェクト訳『企業法務革命——ジェネラル・カウンセルの挑戦』（商事法務、2018）
・P.F. ドラッカー著、上田惇生訳『〔エッセンシャル版〕マネジメント』（ダイヤモンド社、2001）
・ヘンリー・ミンツバーグ著、池村千秋訳『マネジャーの実像——「管理職」はなぜ仕事に追われているのか』（日経 BP、2011）
・エイミー・C・エドモンドソン著、野津智子訳『チームが機能するとはどういうことか——「学習力」と「実行力」を高める実践アプローチ』（英治出版、2014）
・中村直人編著『コンプライアンス・内部統制ハンドブック』（商事法務、2017）

Core 4

人　材

少德彩子　川口言子

4-1 ｜ 問題の所在

① 一般的な実務の様子

　日本企業の中でも総合商社での法務部門創設は早く、中でも三井物産株式会社は1914年には「文書課」という独立の法務部門を設置している。もっとも一般に日本企業法務部門の原型は1950年代後半から高度成長時代、主に大規模メーカーに「法規課」が創設されたことに遡るとされている。[1] 現在では日本企業で法務専任人員を置くところが増えてはきたものの、その数は10名未満、他のコーポレート部門に比べても少人数であるのが通常である。

　採用に関して、日本企業の多くは今なお新卒一括で、配属先を定めずゼネラリスト採用をしているケースが多い。[2] もっとも最

1　島岡聖也「企業法務部門の現状の課題と将来像について」日本大学法科大学院「法務研究」第15号（2018）193頁以下（https://www.law.r.ihon-u.ac.jp/lawschool/pdf/ad/11homu-kenkyu15.pdf）。

2　2020年10月23日付厚労省「今後の若年者雇用に関する研究会」報告書9頁以下（https://www.mhlw.go.jp/wp/hakusyo/roudou/12/dl/03-1-2.pdf）。

近では恒常的人手不足を背景に、新卒一括採用以外の多様な採用の在り方も検討されている[3]。特に法務業務は専門性が高いとされていることもあり、相当前から転職市場が確立している。そのため、法務部門では新卒採用者と通年・中途採用者（法務経験者）とで構成されていることが多い。

新卒採用者については、採用・配属プロセスは人事部門が主導し、法務部門の関与が限定的な場合が多い[4]。法務部門配属者は元々同部門を第一志望とし、それを意識して大学の授業を選んでいた者ばかりではなく、時には法学部卒ではない者が法務部門に配属される企業もある。そのため法務人材育成は、法務部門配属後、民法や会社法などの基礎教育から始まるケースもある。通年・中途採用者については、法務部門が主体的に採用プロセス自体に関与することが多い。この場合、国内外の弁護士資格、他社法務経験など、企業法務特有の採用条件を付けることが多い[5]。

日本企業で、海外取引が一切ないところは少ない。そのため、日本企業法務部門でも日・英で法務業務遂行可能な人材へのニーズは高いが、供給が需要に追い付いていない。また、2020年の

ダイヤモンド・オンライン2021年3月17日付記事「新卒一括採用、世界でも珍しいルールが日本で定着した理由」（https://diamond.jp/articles/-/262366）。

2019年11月19日経済産業省「国際競争力強化に向けた日本企業の法務機能の在り方研究会 報告書～令和時代に必要な法務機能・法務人材とは～」29頁以下、40頁以下（https://www.meti.go.jp/shingikai/economy/homu_kino/pdf/20191119_report.pdf）。

3 2022年9月厚労省「令和4年版労働経済の分析」117頁以下（https://www.mhlw.go.jp/wp/hakusyo/roudou/21/dl/21-1.pdf）。

4 実態調査146頁。

5 弁護士の採用についての考え方の変化については、「〈座談会〉商社における法務・審査の現状と課題」金融法務事情1430号（1995）30頁以下と中川英彦「企業法務の転換期」NBL1073号（2016）52頁以下の比較ご参照。

コロナ禍を契機に、日本でも Zoom や Teams といったオンライン会議システムの利用が日常となり、また、法務業務に特化したいわゆるリーガルテックサービス、たとえばオンラインライブラリー、電子署名、電子契約、Contract Lifecycle Management System の導入も珍しくなくなった[6]。さらに2022年の ChatGPT 登場が象徴するように、今後ますます大量言語モデルの AI 活用をはじめとした IT スキルが法務業務を大きく変えると思われる[7]。しかし、日本国内では IT 人材不足が予想されており[8]、こうした人材を法務部門で確保・育成できるかは課題である。また、サステナビリティ、地政学、イノベーションのためのルールメイキングなど、伝統的な法務業務の周辺に新規かつより大きなリスクやビジネス

6　少し古い情報ではあるが米国の現状と日本への示唆について JETRO「ニューヨークだより 2020 年 10 月」（https://www.jetro.go.jp/ext_images/_Reports/02/2020/5 f150094a7d7be36/NYdayori_202010_WebNyuko.pdf）。
　日本の状況については2023年 2 月 6 日付日経新聞「リーガルテック導入 8 割超　AI レビュー、満足度に温度差」（https://www.nikkei.com/article/DGXZQOUC2425L0U3A120C2000000/）。

7　Richard Susskind「AI in the law - six thoughts」（2023年 7 月 6 日）（https://www.linkedin.com/pulse/ai-law-six-thoughts-richard-susskind/）。
　英国弁護士会「Future Worlds 2050: images of the future worlds facing the legal profession 2020-2030」（2021年 6 月 8 日）（https://www.lawsociety.org.uk/topics/research/future-worlds-2050-images-of-the-future-worlds-facing-the-legal-profession-2020-2030#report）。
　小幡忍「企業法務の展望と課題」商事法務2219号（2020）94頁以下では、法務人材育成の課題の筆頭にリーガルテックの普及を挙げるほか、企業法務とテック・AI の影響について多く論じている。
　2023年 8 月28日付日経新聞「日本取締役協会・冨山和彦氏『法務を駆使した経営を』」。

8　2022年 9 月厚労省「令和 4 年版労働経済の分析」127頁以下（https://www.mhlw.go.jp/stf/wp/hakusyo/roudou/21/21-1.html）。
　2019年 3 月経済産業省「IT 人材需給に関する調査」報告書では、2030年には最大で79万人の IT 人材不足だと試算している（https://www.meti.go.jp/policy/it_policy/jinzai/houkokusyo.pdf）。

機会が増えているが、法務部門やその人材がこれらを主管・支援できるかは課題である。最後に、リーガルオペレーションズの専門人材を採用する法務部門は海外では8割を超えており[9]、日本企業の法務部門でも少数ながらそのような人材・チームを持つところもある。ITスキル、新規リスクやビジネス機会を扱う能力、リーガルオペレーションズについては、法務部門で独自に専門知識を有する人材を採用・育成・ローテーションしているところはまだ少ない。もともと知見と興味を持つ既存法務部員が勝手連的に実務を担っているのが実情である。

　法務部門での人材育成についてはOJTを中心としているところが大宗を占める。もっともOJTのやり方に決まりがなく、個々の担当者の裁量に任されている場合が多い[10]。他には、外部研修受講を奨励し、あるいは部門独自の研修や国内外留学派遣プログラムを持つところもある。この場合、伝統的な法令・法務実務研修以外にも、財務会計その他法務科目以外の研修を奨励・義務付けているところもある[11]。

9　CLOC "2021 State of Industry Survey"（https://cloc.org/2021-state-of-industry-survey/)、Thomson Reutersの2021年度版法務部門オペレーションインデックス（https://www.thomsonreuters.co.jp/content/dam/openweb/documents/pdf/japan/legal/ldo_report_infographic-2021-key_findings_r2.pdf)。

10　実態調査171頁以下。

11　法務人材育成プログラムの全体像を説明する資料としては以下が参考になる。
　　双日株式会社：2021年8月19日付Business Lawyersのオンライン記事「【法務部の新人指導】双日法務の契約書レビューの座学プログラム・育成計画と指導法を公開」（https://www.businesslawyers.jp/articles/1013)。
　　三井物産株式会社：2019年4月11日付「国際競争力強化に向けた日本企業の法務機能の在り方研究会　法務人材育成WG 第2回資料」（https://www.meti.go.jp/shingikai/economy/homu_kino/ikusei_wg/pdf/002_02_02.pdf)。
　　また、外部研修プログラムとして、たとえば、経営法友会は例年さまざまな階層の法務部員・管理職に対して網羅的な研修を提供している。法

人員配置については、日本企業の多くでは法務人材は本店法務部門に集中配置されている[12]。国内外に現地法人・大規模支店があり、そこに法務部門がある企業では、当該現地法人・大規模支店のトップがそこの法務部門の人員配置を決めているところも少なくないと思われる[13]。そのため、本店法務部門長が、国内外の法務部門の人員を把握したうえでローテーションをするケースはまだ多くはないと予想される。

　法務人材のキャリアパスについては、法務部門が専門性の高い部局と捉えられていることから、人員の出入りが新入社員配属、中途入社、既存法務人材のローテーションや退職に限られることが多い。キャリア形成において、多くの法務人材にとっては法務部門長がその頂点（ゴール）として意識されていることが多いと思われる。法務部門長の候補者は法務部門内にしかおらず、他方で、法務部門担当の役員は法務部門外のものが就任するケースも多い。もっとも近時は、執行役員クラスで法務専従のポストを創設する動きがあり、その場合には同社の法務部長がそのポジションに内部昇進することが多い[14]。さらに、こうした法務部長ない

務人材育成のために、法律科目だけではなく、職業倫理、ファイナンス理論、交渉学、企業会計等が必須と説くものとして、唐津恵一「『企業内法曹』について一考」東京大学法科大学院ローレビュー6号（2011）195頁以下。

12　実態調査14頁以下。法務部門の規模や人材の質に鑑み、集中型が日本企業にとって望ましいと論じるものとして、伊藤ゆみ子（シャープ株式会社常務執行役員）「企業の意思決定過程と法務部門の権限・組織」ビジネス法務2018年11月号28頁以下、中村豊＝淵邊善彦『強い企業法務部門のつくり方』（商事法務、2020）19頁。

13　実態調査17頁以下、126頁以下。

14　西田章「ヘッドハンターが語る　年代・組織別　法務キャリアの要件」ビジネス法務2018年1月号24頁（西田氏のNotesにも同文が掲載されている（https://akiranishida.com/n/n66b5f74609f4））。

しその経験者が役付執行役員や取締役になるケースも徐々に増えてきている。[15]

② 背景にある思想・考え方

このような人材採用・育成の背景にある考え方は、全社で維持するメンバーシップ型雇用はそのままに、法務部門独自でジョブ型的な施策を導入しようというものである。すなわち、日本企業全体としては、日本的なメンバーシップ型雇用を採用するところが太宗を占め、それを象徴するゼネラリストの新卒一括採用、終身雇用制、頻繁かつ広範囲のローテーション、年功序列制度も根強く残っている。ただし、法務部門が確立するにつれ、法務人材には高度な専門性が求められるようになってくる。全従業員比では少数派である法務部人材のために、会社全体の人事制度は変えられない中、法務部門内にのみ適用されるジョブ型的な人事施策を導入しようとしているものである。[16]

③ 実務上のやるせなさ

疑似的であっても法務部門が独自でジョブ型雇用を導入する場合、当該企業自体ではメンバーシップ型雇用、そしていわゆる日

15　時代をさかのぼると、黎明期は1980年代初頭であり、1983年には NBL272号、273号で「取締役・法務部長大いに語る」と題して、複数の取締役兼法務部長が「法務部門のトップであることと取締役であること」の意義などについての対談記事が掲載されている。また、2022年 1 月時点で経団連の会長・副会長会社18 社中 CLO ないし執行役員法務部長を置いているのは、日立製作所、パナソニック、三菱 UFJ 銀行のわずか 3 社のみという（平野温郎「制度的存在ないし機関としての Chief Legal Officer」東京大学法科大学院ローレビュー17号（2022）109頁以下）。

16　森貴子（野村ホールディングス株式会社 執行役員 グループ法務担当）「コロナ禍と企業法務人材戦略」NBL1178号（2020） 1 頁。

本的労働慣行を維持していることとの間で以下のような不協和音が出てくる。

① 日本企業では、全社的には全員が複数部局・場所を経験し、また、どこかの時点で「マネジメント」になることがキャリアの成功であると設計されており、それに伴って給与も上がる仕組みとなっている。[17] そのため、日本企業のキャリアパスに乗るためには、法務人材といえども「本店以外」「法務部以外」を経験し、また、キャリアパスを上がるためにはマネジメントになることが望ましいはずである。しかし、たとえば、海外現地法人の法務部その他の部局に本店の法務人材を派遣しようと思っても、現地弁護士資格・キャリアを持つ者に比べ本店法務部員がより当該ポジションに適しているかが問題となる。法務人材側でも、法務専門家を自負するあまり、自分の専門外のポジションにつかされること、マネジメントになることには抵抗することも少なくない。

② 法務部門独自の給与体系やキャリア採用枠の導入の可否・是非、法務部門長以外にキャリアパスの頂点を求められるか（求めるべきか）などは、人事制度の整合性や他部局との兼ね合いから困難な問題を伴う。とりわけ、昨今は法務部門が個人情報保護、サステナビリティ、経済安全保障、サイバーセキュリティ等、新規の全社課題を担当する機会も増えたが、それまで他部局でこれらを担っていた人材と法務人材の育成・配置方針を整合させる必要も出てくる。[18]

17　海老原嗣生『人事の組み立て——脱日本型雇用のトリセツ』（日経BP、2021）48、61、68頁以下。

18　日本型ローテーションと法務人材育成の両立の難しさや、法務人材に広範囲な経験を積ませるための工夫を述べるものとして、「座談会　商社における法務・審査の現状と課題」金融法務事情1430号（1995）31頁以下

従来から法務人材のキャリアゴールについては、専門家、マネジメントのいずれを目指すべきかという議論があった。[19] この点、従来は、法務部門が高度化・大規模化するほど、弁護士資格保有者や法務部門での経験を長く積み重ねた人材の採用が増えることもあり、法務人材が専門家キャリアを目指す傾向が強くなるように思われる。しかし昨今はコロナ禍のような全世界的パンデミック、ロシアのウクライナ侵攻や台湾・中国問題のような戦争・地政学リスク、気候変動や人権といったサステナビリティ課題の増加といった、地球規模の新たな問題に取り組む必要が出てきており、かつ、大量言語モデルの AI をはじめとした IT ツールやアウトソーシング（Business Process Outsourcing, BPO）の活用が進んでいる。これらにより企業の法務部門への役割期待や業務プロセスが大きく変わる中で、法務人材が目指すキャリアだけ従来の延長線で議論していてよいのかも問われている。また、昨今では法務がルールを作る側に立つことも提唱されているが、[20] ルールメイキング・ロビイング機能を法務に取り込む場合には、従来とは異なる人材の獲得・育成が必要となると思われる。[21]

4 なぜ本コアは語られるべきか

本来、会社の人材は、会社の掲げる戦略に共鳴し、これを共に実現しようとする集団のはずである。しかし現実には、会社の戦

　の日商岩井明地正勝氏発言など。

19　たとえば中川英彦「企業法務の転換期」NBL1073号（2016）48頁以下。

20　官澤康平ほか『ルールメイキングの戦略と実務』（商事法務、2021）、東弁協叢書『企業法務のための規制対応＆ルールメイキング ビジネスを前に進める交渉手法と実例』（ぎょうせい、2022）など。

21　経営法友会『SOCIETY5.0時代の法務──問われる法務の本質』（2020）38頁以下。

略と法務部門の戦略、あるいは各戦略と各人材の間にギャップがあることも少なくない。人材採用・育成・ローテーションには比較的時間がかかることから、不可避的にそのスピードが、戦略遂行上求められるスピードに追い付かない可能性もあろう。しかし、両者を整合させようと努力する組織・人材は、そうでない組織・人材よりも戦略実現可能性が高く、また、個々の人材の満足度も高いはずである。法務部門における唯一の資産は人材であり、人材戦略の巧拙により、企業内の一部門・機能として期待される経営や事業への貢献の程度にも差が出てくるため、人材をリーガルオペレーションのコアの1つとして検討することは必要不可欠である。

アーカイブ

　法務人材の在り方については、1980年代からさまざまな議論がされている。当初は専ら、日本的労働慣行（メンバーシップ型）の下で、いかに高度専門家としての法務人材を社内に持ちうるかといった課題設定がされていたようである。
　たとえばNBL268号（1982）の石田佳治（日本ロシュ）「法務部は疑似法曹か、新しいリーガルプロフェッションか」では、企業法務部門の充実の必要性を説き、その供給源は①大学院で高度法律プロフェッションを育成するか、②企業内弁護士に期待するかだが、①は日本の労働慣行でゼネラリスト育成前提のローテーションがされる場合には実現が難しいこと、②は法曹界が増員に消極的な場合は難しいこと（当時新任弁護士は年間300名程度）などが述べられている。
　また、ジュリスト857号（1986）の「これからの企業法務」と題する座談会では、新卒一括採用を所与としつつ、人事部との連携でリーガルセンスの高い学生を法務部門配属にするやり方、必ずしも大学で法律を十分学んでこなかった新入社員（法務人材）への基礎教育の重要性、法務部門に長く置いて高度化させる実務、大学法学教育に対する企業法務からの提言（1983年12月の

経営法友会「現在の大学（法学部）教育に望む―企業法務部門からの提言―」の紹介）、海外留学制度を含む社内・部門内研修制度、キャリアパス（商社や銀行では当時既に法務出身の取締役やトップがいたこと）などが語られている。

1990年代から2000年代には、法務人材の個別具体論（教育、中途採用、特定セクターでの法務人材の役割、期待される資質）が多く議論されている。91年以降のバブル崩壊後、日本企業も多くの倒産、訴訟、企業の合従連衡（M&A）[22]、法改正を経験した。また、2001年の司法制度改革実施により法曹人口が増え、これに伴い企業内弁護士も増加した。これらにより法化社会が急激に進んだことが背景にあると思われる。

2010年代になると、法務人材についてより包括的に論ずるものが増えてくる。2010年には、金融機関という1セクターについてであるが、金融法務事情が「法務人材育成プロジェクト」という特集を組んでいる。そこでは、メガバンクの法務部長等の座談会で、銀行業務の変化に伴う法務部門の役割変化とともに、人材採用、育成などについて幅広く議論され、また、銀行における法務人材の実態調査アンケート結果も公表されている[23]。NBL1042号（2014）「経営から期待される企業法務の機能とそれに応える法務人材について―第18回経営法友会大会ハイライト」では、松竹株式会社 迫本淳一代表取締役社長・弁護士の基調講演のほか、当日のパネルディスカッションの様子が紹介されている。各社のキャリアデベロップメントプラン（CDP）[24]やローテーションについての考え方の紹介の他、経営法友会がまとめた「法務組織運営の課題と取組」、中でも法務組織運営研究会第5グループのまとめ「法務人材の育成における視点と手法」の紹介がされている。このまとめでは、ジュニア、ミドル、アドバンストと法務業務の経験を3段階に分けて、望ましい知識や、実力がマトリックスで書かれている。キャリアパスの複線化には踏み

---

22 株式会社レコフの統計を用いた M&A Capital Partners の分析によれば、日本企業の M&A 件数は、リーマンショックや東日本大震災などによる一時的な不況期を除き、1985年の統計開始後一貫して増え続けているとのこと（1985年は年間約260件、2021年は年間約4300件で35倍）（https://www.ma-cp.com/about-ma/current-situation/）。

23 金融法務事情1895号（2010）10頁から90頁。

24 三井物産株式会社の2014年当時の CDP については「法務機能強化のためのアプローチ(2)」（Business Law Journal2014年6月号58頁以下）が詳しい。

込んでいないが、良い法務人材になるために必要とされる知識等はスペシャリストのそれに限定されていない。[25]

2015年には、経営法友会評議員で株式会社東芝監査等委員の島岡聖也氏が「法学教室」の連載にて、法務人材の資格・資質が多様化していることを踏まえ、「法務部門の人材のポートフォリオ」について比較表を提示している。[26]他方で、同じ2015年の沖﨑聡氏による岡山大学法科大学院弁護士研修センター「企業法務部門の組織と役割」講演録では、採用については法務独自とすべき（部外からの法務部門ローテにも消極的）とするほか、自らの経験に基づく法務教育プログラムなどについて詳説されており、法務人材の企業内での位置付けが確立していない様子がうかがえる。[27]

2016年5月には、独立行政法人労働政策研究・研修機構が「企業内プロフェッショナルのキャリア形成——知的財産管理と企業法務の分野から」というレポートを発表した。[28]ここでは、高度化した経営活動を支える専門性の高い人材の育成・活用が企業の重要な経営課題となり、他方で従業員側もマネジメントよりも専門人材になることを目標とする者が増加したとの認識の下、企業法務人材のキャリア形成を分析している。本資料は企業内プロフェッショナルの定義や「プロ」になるまでの経緯を詳述しているが、専門性を身に着けたその先のキャリアについては述べていない。

企業内弁護士が増加・定着したことも1つの背景として、2010年代になると「法務人材は最後までスペシャリストでよいのか」という新たな課題設定もされるようになった。たとえば、日弁連が2016年以降実施している「企業内弁護士キャリアパス調査」の第3回「企業内弁護士キャリアパス調査」に関する調査結果によれば（2022年3月公表）、企業内弁護士自身が描く将来のキャリアパスとして、企業内弁護士としてキャリアを積むことを希望する52.2％のうち、53.2％が法務部門のトップとして「経

25　経営法友会法務組織運営研究会『法務組織運営の課題と取組み』(2014) 132頁以下。

26　「企業内法務の実務　展開講座第4回　『企業内法務』を学ぶ皆さんへ」法学教室414号 (2015) 314頁以下。

27　https://ousar.lib.okayama-u.ac.jp/files/public/5/54174/20160528124100782161/olr_016_001_014.pdf

28　https://www.jil.go.jp/institute/siryo/2016/documents/0178.pdf

営に参画するポジション」を目指すと回答しており、第2回調査結果時（47.4％）から増加している。[29]

　また、西田章『新・弁護士の就職と転職　キャリアガイダンス72講』（商事法務、2020）は、弁護士の勤務先の1つとして企業法務部門についても述べている。マネジメントを目指さないスペシャリストのキャリアについては「社内的なヒエラルキーにおいて『総合職＞専門職』という価値観を気にしなければ、法律専門職は、社内弁護士にとって悪いポジションではない。……ただ、キャリア・リスクとしては、『現職を辞めた場合に、他社でも通用するスキルを磨けているか？』という点は常に意識しておく必要がある。実際問題として、法律専門職は、業務内容的に『自分よりも若い弁護士』にリプレイスされやすい」と述べているが、これは、弁護士資格の有無にかかわらず、企業の法務人材全般に共通する。[30]

　このように、法務人材の議論自体は活発にされてきたものの、2010年代までは、法務部門の戦略や機能から逆算する形で人材の在り方を論じたものは多くはなかった。また、法務人材の採用や育成も、法務専門家集団を形成するための議論が多かった。

　そんな中、瀧川英雄『レベルアップを目指す企業法務のセオリー　応用編』（第一法規、2018）は、3部構成の最終部を「法務部門のマネジメント」に割いている貴重な文献である。そこでは法務部門責任者の役割や法務部門自身の役割・ミッションから説き起こし、法務部門の人材獲得・育成についても詳説している。また、ビジネス法務2018年1月号も「法務組織・キャリアの在り方」を特集し、これからの人材の在り方、企業内弁護士や女性といった属性別キャリア、ヘッドハンターや多数回転職経験者の見方などを纏めて論じている。[31]これらは実践的な内容ではあるが、しかし法務機能・戦略との関連性はそれほど書かれてい

29　https://www.nichibenren.or.jp/legal_info/legal_apprentice/inhouse/material.html。第2回調査時の経営参画希望者の多くない状況を述べるものとしてNBL 1138号（2019）新春座談会「ジェネラル・カウンセルと企業の法務機能（下）」。

30　なお、西田氏は経営法友会主催で「インハウスロイヤーのキャリアプラン」というオンラインセミナーも実施した（2022年3月4日、8月26日、9月14日収録、それぞれ一定期間配信。西田氏の所感については経営法友会リポート585号（2022）6頁以下）。

31　ビジネス法務2018年1月号11頁以下。

ない。

　これに対して、法務機能や戦略と人材の関連性を正面から捉え、踏み込んだのは2018年に設置された経済産業省の「国際競争力強化に向けた日本企業の法務機能の在り方研究会」(在り方研究会)である。2018年4月に最初の報告書を発表したのち、各「ワーキンググループ」での議論を踏まえ、2019年11月に公表した報告書では、副題を「令和時代に必要な法務機能・法務人材とは」とし、法務人材に特に焦点を当てた報告がされている。ここでは、日本的労働慣行を一概に悪いとはしないとしつつ、「企業は…『自社の法務機能のあるべき姿から必要な能力と配分を逆算し、それを担える適材を業務に充てる』という、業務基準の発想も備える必要」があると強調するなど、リーガルオペレーションズ的な発想が随所に見られる。また、法務人材獲得育成の前提としては「適材」を法務部門側から提示することが必要であるとし、その要素の1つとして「キャリアパス」を示すことを挙げている。ここで特記すべきは、(法務機能として)「パートナー機能が求められることに伴い求める人材像も変化・多様化」し、「人材の流動化が進み」、「リーガルテックの進歩などにより経験の有無の垣根が低くなって」いることなどから、「キャリアパスも多様化」していることを明確に述べている点である。下記の通り図4「法務部門に閉じない新たなキャリアパスのイメージ」では、法務部門の部員のみならず管理職(部門長)も法務部門内外に出入りする可能性があることが示されている。

【図4：法務部門に閉じない新たなキャリアパスのイメージ】

(在り方研究会報告書(2019)32頁より抜粋)

　これら報告書は、法務機能を人材戦略の始点としている。すなわち、ナビゲーション機能、クリエーション機能(この2つが

パートナー機能を構成する）とガーディアン機能という３つの機能が法務機能を構成し、経営戦略によってその３つのバランスが変わることはあるが３つがない企業はありえないとする。そして、法務部門は法務機能から逆算した人材戦略を持つとする。[32]

　これら報告書を踏まえつつ、日本が目指すべき未来社会の姿として内閣府が提唱した「Society 5.0」時代の法務機能・組織や人材を論じたのが、経営法友会「SOCIETY5.0時代の法務～問われる法務の本質～」（2020年３月）である。ここでは、社会学のアクターネットワーク論なども引用しつつ、法務人材については、個人の育成だけではなく、人材を構成する周囲のモノ・人・役割など、ネットワークも合わせた育成を考えるべきとし、例としてフリーアドレス・シェアオフィスや文章以外での思考やアート、異言語学習など、異質なモノの取入れを挙げる。また、イノベーション促進という文脈であるが、個々の法務人材は結果が出せなくても、組織としては出せるやり方があるとし、開発すべきは「人材」でなく「組織」だとの問題提起をしている。法務や企業戦略も超えた、国の目指す未来社会から逆算した法務人材論を展開しているところが新しい。

　「法務」人材に限定したものではないが、これからの法務人材を考えるに際して極めて有為な資料として、経済産業省が2020年９月30日に公表した「持続的な企業価値の向上と人的資本に関する研究会 報告書」（人材版伊藤レポート）がある。続く2022年５月には「アイデアの引き出しとして」、いわゆる人材版伊藤レポート2.0も公表された。[33]人材版伊藤レポートでは、人材戦略の３つの視点として、「①経営戦略と連動しているか、②目指すべきビジネスモデルや経営戦略と現時点での人材や人材戦略との間のギャップを把握できているか、③人材戦略が実行されるプロセスの中で、組織や個人の行動変容を促し、企業文化として定着しているか」を挙げている。

　これらと前後して、法務人材を扱う資料は増えている。しかし、経営戦略との関係を意識したうえで法務人材戦略・フレーム

32　報告書の要点を三井物産株式会社での経験も踏まえて解説したものとして平野温郎（東京大学大学院教授）「国際競争力に資する法務人材の獲得・育成の要点」ビジネス法務2018年11月号28頁以下。

33　https://www.meti.go.jp/shingikai/economy/kigyo_kachi_kojo/pdf/20200930_1.pdf
　https://www.meti.go.jp/policy/economy/jinteki_shihon/pdf/report2.0.pdf

4-1 問題の所在──■ 103

ワークについて包括的に論じる資料はまだまだ多くない。これ
は、人材版伊藤レポートの述べる通り、企業全体の人事戦略につ
いてすら意識が高まったのがつい最近のことであることと、日本
企業がまだまだ新卒一括採用の色が強いことが関係するように思
われる。企業全体から見れば一部門、しかも相対的に小さな部門
である法務部門独自の人事戦略について、戦略やフレームワーク
を持とうとしても現実的ではなかった可能性はある。そんな中で
も、たとえば三井物産法務部長（当時）の高野雄市氏は、ビジネ
ス法務2020年9月号の座談会で、「企業法務の世界において人事
評価というのは、結局、法務のスキルが優秀だということで点数
をつけるのではなくて、法務機能の発揮を通じてその企業のビ
ジョンや事業目的の達成にいかに貢献しているかというところが
問われる」と述べる。同氏はまた、経営法務人材と法務専門人材
の複線型人事制度についても「それが全ての会社において正しい
方向かどうかは疑問があります。まずは組織として、どのような
人材を育てたいかというビジョンを定立する必要があります。そ
して、そのビジョンに沿った形での採用や評価があるべきだと思
います。」と述べるなど、企業の目的・ビジョンと人材のリンク
を強調している[34]。また、2023年11月には、三井物産の代表取締
役社長が、パナソニックホールディングスのジェネラルカウンセ
ル兼取締役や東京大学教授と「経営法務人材」について議論をす
るという、法務人材の活躍の場の広がりを象徴するシンポジウム
が開催されるに至った[35]。さらに、2024年11月15日付日本組織内
弁護士協会「若手調査（62-75期対象）結果報告書」では、自
分に足りない（これから更に伸ばしたい）点に「経営目線・ビジ
ネス感覚」（42％）が挙げられ、また、将来の展望として「法務
部門以外の部門で働きたい」（10％）、「弁護士以外の仕事で起業
したい」（1％）を挙げる者も出てきている。

　法務人材や法務人事戦略の一部を扱う資料や講座としては以下
のようなものがある。
①法務を含むコーポレート人材の育成を扱う資料として、厚労省
　が2019年3月に公表、その後2023年5月に改訂した「事務系

34　ビジネス法務2020年9月号74頁以下。なお、同社の最近の状況は、2023
　　年8月28日日経新聞「社内弁護士、変わる役割　営業などで『修業』
　　も」参照。
35　堀健一ほか『東京大学比較法政シンポジウム トップマネジメントと共に
　　考える企業法務の未来（別冊NBL189号）』（商事法務、2024）を参照。

職種の人材育成のために」がある[36]。これは、全労働人口の約
2割を占めるコーポレート人材の確保等のために必要な、キャ
リアパスの明確化、従業員が仕事を通じて成長を実感できる仕
組み整備の一助として、さまざまなアイデアやテンプレートを
提供している。

②企業法務部門の強化方法の一環として人材について扱うものと
して中村豊＝淵邊善彦『強い企業法務部門のつくり方』（商事
法務、2020年12月25日）がある。経営課題や法務機能に遡っ
ての議論はしていないが、採用、育成プログラムなどに幅広く
かつ具体的に触れている。とりわけ、人材のダイバーシティや
部門外ローテーションにも積極的な点は、「在り方研究会報告
書」に通じるものがある。

③大学が企業と連携して企業法務人材育成を図る講座を設けてい
る例として、同志社大学が2005年から続けている「企業法務
プロフェッショナル育成プログラム」がある。これは、「明確
な目的意識により、学習意欲・キャリア意識の早期高揚を図
り、実践に直結する専門知識とリーガルマインド（問題意識・
発想・提案力）を備えた人材育成を目指」し、また「企業法務
を支えるプロを育てるための育成プログラムを同志社大学が提
案」することに対して、企業法務部門が講師派遣などによって
支援するものである[37]。

④法務人材の定義を広く周知するものとして、厚労省が2020年
3月18日に公開した「職業情報提供サイト（日本版 O-NET）」
（愛称：job tag（じょぶたぐ））がある。これは、「ジョブ」（職
業、仕事）、「タスク」（仕事の内容を細かく分解したもの、作
業）、「スキル」（仕事をするのに必要な技術・技能）等の観点
から職業情報を「見える化」し、求職者等の就職活動や企業の
採用活動等を支援する Web サイトであるとされている[38]。この
サイトに「企業法務」も定められており、ジョブディスクリプ
ションやキャリアパスをイメージするのに参考になる情報が提
供されている。

⑤DX が法務人材に与える影響を述べるものとして、青谷賢一郎

36　https://www.mhlw.go.jp/content/11800000/001017767.pdf

37　https://law.doshisha.ac.jp/attach/page/LAW-PAGE-JA-130/177356/file/2023Kig
　　yoHoumu.pdf

38　https://www.mhlw.go.jp/stf/newpage_10257.html
　　企業法務については https://shigoto.mhlw.go.jp/User/Occupation/Detail/446

（株式会社ニトリホールディングス上席執行役員、法務室長）の「法務DX時代におけるヒトの役割」（経営法友会リポート592号（2023））がある。青谷氏は「在り方研究会」の報告書も引用しながら、「ヒト（法務人材）は、原理原則に立脚しながら自社を妥当な方向へと導く良心となり、法務DXを支えるAI・データは、その際の判断材料を、人よりも迅速、的確に収集、分析、提供する」という役割分担を提唱し、そのような「自社の良心」としての役割を果たすためには、「『技術』だけでなく、『志』がとても重要になる」としている。

☞ 法務部門実態調査
【法務部門の配置・ポジション】

　法務担当者を社内の1つの事業所に集中配置している企業が89.5％で大宗を占める[39]。ただし、法務担当者数が増えると分散配置の割合が増え、法務担当者数31名以上の「メガクラス法務」では51.0％が、同11名以上30名以下の「大規模法務」では22.4％が分散配置をしている。複数事業所に法務担当が配置されている場合に、各事業所が本店法務部門に定期レポートする仕組みがある企業は73.3％、とりわけメガクラス法務では92.3％である一方、小規模法務（5名未満）では44.4％である。これについて実態調査は「レポート体制の在り方のみならず、評価等の人事面の扱いについても今後注目すべき事柄であろう」、「小規模でありながら複数の法務部門を持っている企業で、本社法務部門に対して定期的にレポートさせる仕組みが構築されている割合が低いのは……情報交換・共有コストを下げようとしているのかもしれない」が、「事業部門主体で法務担当者の設置がなされて、本社法務部門の権限が弱い場合や、個々の法務担当者が個人商店的に機能しておりナレッジの共有等に関心が払われていない場合であれば問題であろう」としている。

　本店法務部門によるグループ企業法務部門の人材への関与については以下のとおりである[40]。

39　実態調査14頁。
40　実態調査127頁以下。

関与事項	国内グループ会社	海外グループ会社
人事考課・賞罰・処遇	5.0%	9.0%
採用・出向・人事異動	12.3%	14.6%
法務担当者の教育・研修	25.1%	13.7%
人事交流	24.3%	16.2%

【法務部門担当者像】

　法務部門に所属する担当者数は、一社当たり平均で8.4名である[41]。ダイバーシティについては、まず女性の割合は担当者の33.1%、管理職の16.5%を占める[42]。厚労省の調査によれば、日本企業平均は女性正社員の割合が26.9%、女性管理職（課長以上）の割合が12.7%であるから[43]、これよりは少々女性が多いが顕著な相違はない。次に外国人スタッフがいる企業の割合は8.1%で、人員数は1.9名に過ぎない[44]。中途採用者の割合は全法務担当者の30.0%で、中途採用者を抱える企業の割合は66.6%である[45]。日本の弁護士資格保有者がいる企業は30.2%、そこでの担当者の11.6%を占める。外国の弁護士資格保有者がいる企業は13.4%、そこでの担当者の7.0%を占めている。一人が複数の弁護士資格を保有しているケースはありうるが、担当者の6人に一人は弁護士資格保有者というイメージであろう。新人弁護士を採用する企業の割合は12.3%に過ぎないが、法律事務所での実務経験や企業・行政機関での実務経験のある弁護士を採用する企業の割合は5年前の調査（13.8%）から40.5%へと急増している[46]。

　法務人材採用方針のトップ5は以下の通りで、法務経験者や有資格者の採用に積極的な企業が少なくない[47]。

企業等（法律事務所の事務員を含む）の法務業務経験者を中途採用	57.6%

41　実態調査20頁。

42　実態調査27頁。

43　厚労省「令和4年度企業調査結果概要」（https://www.mhlw.go.jp/toukei/list/71-r04.html）。

44　実態調査28頁以下。

45　実態調査30頁以下。

46　実態調査141頁以下。

47　実態調査141頁以下。

新卒（大学、大学院）または勤務経験のない既卒を採用	40.1％
他部門から異動	37.9％
法科大学院修了者（弁護士資格の有無にかかわらず）	28.8％
法律事務所での実務経験のある弁護士（国内資格）を中途採用	22.4％

　法務キャリア内での市場流動性も高い。すなわち、過去３年間に法務部門からの退職者がいる企業は44.6％だが、こうした退職者の移動先は他社・行政機関の法務部門、法律事務所、法科大学院入学といった「法務人材市場」内であるものが82.6％を占める。[48]

　新卒（大学、大学院）または勤務経験のない既卒を採用する企業では、「全社採用枠で一括採用した者を法務部門に配属」する割合が64.8％、「法務の希望で法務担当者として募集した者を配属」する割合は18.9％にとどまる。[49]

【法務部門長像】

　法務部門長のキャリアバックグラウンドは、主として当社法務部門を経験してきた者が44.2％、主として当社の他部門を経験してきた者が42.7％、法務経験者としての中途採用者が31.7％である（重複回答）。また、法務部門の規模が大きいほど部門長の内製化がなされており、規模が小さい法務部門では、他部門の経験者や中途採用によって部門長を調達する傾向がある。たとえばメガクラス法務（31名以上）では「主として当社の法務部門」の選択肢を選んだ企業は80.4％である一方、小規模法務（５名未満）では、「主として当社の他部門」の選択肢を選んだ企業が50.6％であり、また、小規模法務では当社の法務部門／他部門の経験のない中途採用者が部門長であるという回答も20.7％あった。[50]

【人事考課】

　法務担当者を評価する前提として、個々の担当者に目標設定があり、さらにその前提として全社の目標・方針や人事評価制度とリンクする形での法務部門の目標・方針があるはずである。

　しかし実際には、「目標管理をしていない」企業も14.7％ある。また、目標設定している企業でも、定量目標だけであるのは2.6％と少なく、８割の企業では定量的および定性的目標あるい

48　実態調査57頁以下。

49　実態調査146頁。

50　実態調査41頁以下。

は定性的目標のみを設定している。これらのうち、毎年組織目標を設定しているのは68.0％、担当者ごとに目標や課題を設定しているのは64.5％、中期経営計画や経営戦略とリンクした組織目標を設定しているのは57.3％、人事考課システムとリンクした目標を設定は42.3％にとどまる。とりわけ、「中期経営計画や経営戦略とリンクした形で毎年組織目標を設定し、人事考課システムとリンクした形で担当者ごとに目標や課題を設定している」企業は20.4％に過ぎない。[51]

　法務担当者の評価は、「法務独自の指標はおかず、社内の一般的な評価基準に基づき管理職が総合的に評価」する企業が74.9％、「社内の一般的な評価基準と法務独自の指標に基づき管理職が評価」する企業は24.8％に過ぎない。法務独自の評価指標としては、「案件処理の正確性・信頼性などの質的な指標」（独自指標を持つ企業の80.8％）、「課題発見・解決策の企画提案および実行に関する指標」（同73.4％）、「回答までの期限など迅速性に関する指標」（同48.0％）、「レポート件数・相談件数・契約書審査件数などの量的な指標」（同41.7％）が挙げられている。[52]

【育成方針、ローテーション】

　法務担当者の育成方針やローテーション等については、「特に方針はなく、ケースバイケース」の企業が58.4％、「原則として法務部門内（含むグループ会社）で異動する」企業が21.9％、「法務部門を本籍地として他部門（出向を含む）で経験を積ませる」企業が20.0％である。　もっとも、この点は資本金、業種、法務部門規模によって差もあり、たとえばメガクラス法務（31名以上）では、「ケースバイケース」は最少で13.7％、「法務部門内（含むグループ会社）で異動」が66.7％で最多となる。[53]

【人材教育予算】

　法務部門予算のうち「教育関係（社外研修、通信教育等）」は平均133万円、予算設定率は65.5％である。[54]

　教育方法としては、「OJT」が85.9％、「社外講習会への参加」が85.6％に対して、「社内での勉強会の実施」は37.5％であり、法務部門独自の教育プログラムがあるところはそれほど多くない。「OJT」についても、これを教育方法として挙げた企業のう

51　実態調査134頁以下。
52　実態調査151頁。
53　実態調査156頁以下。
54　実態調査139頁以下。

ち、指導担当（チューターなど）を決めている企業は53.2％、スケジュールなどプランを持つのは26.0％、マニュアルがあるのは9.3％にとどまる。また、プラン、担当、マニュアルいずれも持たない企業が41.8％を占める。

教育の選択肢やプラン・マニュアルなどは、法務部門規模が大きくなると増加する傾向があり、たとえば海外の大学等高等教育機関への派遣を実施している企業は全体では7.1％のところ、メガクラス法務（31名以上）では、約半数の48.0％となっている。[55]

4-2 | 本コアとは

まず前提として、法務部門がミッションとして採用・育成すべき人材のキャリアゴールの１つは、法務部門長候補と法務機能発揮を強みとした経営人材候補であるとここでは定義する。どの部門においても、自らの部門の長を務められる人材を継続的に輩出できるようにしておくことは極めて重要と思われ、ゆえに、法務部門長になりうる人材の採用・育成はミッションと考える。また、法務機能を発揮して会社の課題解決を図る人材は、十分経営者や取締役の候補となりうると思うからである。

ただし、経営者や取締役が持つべき資質は法的素養に限られず、またその素養レベルも法務実務の専門家に求められるものとは異なる。そこで、経営人材の育成は、法務部門が全社と連携を図りながら行うことにはなろう。[56]

55　実態調査171頁以下。

56　この点、異なる考え方ももちろんある。たとえば新春座談会「ジェネラル・カウンセルと企業の法務機能（下）」NBL1138号（2019）の杉山忠昭氏発言参照。

110　■——Core 4　人　材

Core4 人材	人材の獲得・育成、適正評価・処遇、人員配置の最適化等	
レベル1	レベル2	レベル3
人材を確保する段階	人材を意識的に育成し始める段階	人材を活用する段階
□新卒採用、中途採用、異動等を通じて、業務遂行に必要な法務人材を確保している □業務遂行に必要な教育・研修を行っている	□法務部門の求める人材要件を明確化している □採用過程に法務部門の関与があり、適性の見極めやミスマッチ予防を行っている □法務部門独自の教育プログラムを準備し、OJT以外の教育・研修の機会を提供している □キャリアパスのステージ毎に必要とされるスキル・経験・教育等を明示し、期初に育成・充員目的のローテ計画を策定し実行している □個人別にスキルマップを作成し、上司・部下間で、保有するスキル・経験等について定期的に確認・フィードバックを行っている □法務部門における人事評価基準を明確化し、客観的指標に基づき、適正・公平な評価を行っている	□法務部門における中長期の人材戦略・充員計画を策定し、運用している □年齢・性別・国籍等の分布に配慮し、多様性のある組織を構成している □法務専門分野以外の知識やスキル習得を教育プログラムに含めている □法務に特化した報酬体系を整備し、優秀人材を、通常採用とは別枠組みで、柔軟、機動的に確保することを可能にしている □適切なインセンティブを付与する等、モチベーションを維持するための施策を講じている □法務部門以外への異動を含む複線的なキャリアパスを準備している □個人の保有スキルや経験等を一元網羅的にデータベース等で管理し、活用している
・全社共通導入教育プログラム	・法務人材用の募集要綱・採用基準 ・法務部門独自の教育プログラム ・教育受講履歴管理表 ・目標設定制度 ・スキルマップ ・育成計画 ・ローテーション計画 ・複数眼による評価 ・他部門を含む360度評価	・人材戦略・充員計画 ・法務に特化した報酬体系 ・法務専門分野以外の教育プログラム ・抜擢人事・早期昇格制度 ・他部門への異動を含むキャリアプラン ・人材データベース

1　レベル1

　レベル1は、法務部門立上げ初期をイメージしている。会社の変革期で人員削減や組織改編があり、法務部門が最小限で回さざ

るをえないケースも当てはまる可能性がある。

　誰の発案であれ、また、職掌や所属員の数がどうであれ、「法務部門」がある以上、そこには当面やるべき業務があり、それを遂行するに足る人材は確保しなければならない。その人材の従来の能力・経験がどうであれ、その当面の業務を遂行する能力をつけてもらうための教育・研修は必須である。もっとも、この際の法務に特化した教育・研修は OJT が中心となり、あとは法務部門外の既存教育・研修を活用する程度にとどまる。いわば法務部門のサバイバルモードのレベルである。

② レベル2

　レベル2は、法務部門が意識的に採用・育成を図っているレベルである。求める人材像、キャリアパス、評価ポイントなどが言語化されており、期初に人材計画が立てられ、かつ、個々人へのフィードバックやミスマッチ防止のため法務部門が人材採用・育成に積極関与する。このレベルの法務部門には、部門独自の募集要綱・採用基準、アドホックな OJT 以外の教育プログラム、スキルマップ、育成やローテーションの計画、360度評価をはじめとした複眼的な評価制度などがある。もっとも、レベル2では、「法務部門」内にキャリアパスが限られ、また、育成制度も全社共通あるいは法務部門のそれに限られるイメージである。当研究会が CORE 8 を作成した際は、日本企業の多くがこのレベルにあるのではないかという想定をしていた。

③ レベル3

　レベル3は、法務部門が、個々人のみならず部門自体の幅を広げるような、戦略的な人材活用を図るレベルである。たとえば、

不確実性が高く変化の多い経営環境下でリスクを発見・対応するため、ダイバーシティも意識して組織構成を図り、あるいは法務部門外の経験を積ませ、研修も分野外の経営・財務等もカバーする。優秀人材の抜擢や、特別なインセンティブ付与など、メリハリをつけた法務部門独自の評価も積極的に行える。また、戦略的な人材計画、抜擢人事を可能にする人事制度、詳細な人材データベースなども法務部門独自あるいは全社と協働して持っているイメージである。このレベル３に至ると、法務部門長候補のみならず、法務機能発揮を強みとした経営人材候補も意識的に育成・輩出できるようになると思われる。

　人材のフレームワークの分け方については、本来的には、採用・育成・評価といったフェーズごとにフレームワークが求められるという考え方もあろう。ただ、CORE 8 では全体のバランスを取る中で、**統合した１つのコア**としている。また、人材について法務部門だけで語ることは難しい。日本企業に典型的な、新卒一括採用、ゼネラリスト育成・評価を前提とした人事制度の中で、人材に相応の専門性を求め、キャリア採用も多い法務部門がどう折り合いをつけるか。これについては、企業全体の戦略的人事制度構築に法務として貢献し、結果的に法務部門の人材戦略もより高度化できるとよいと思う。

Column	メガ法務部門を有する日本企業のケース

① 人材獲得について

かつては、法務社員の獲得は、新入社員の採用や他部門からの異動で充足されてきたものの、近年の法務社員の流動性の高まりや即戦力の確保の必要性から、当社においても、キャリア（中途）採用の比率が年々高まってきている。それは実務を担当する中堅社員に留まらず、組織責任者や国内の事業会社の Chief Legal Officer (CLO) にも及んでいる。他方、キャリア採用者は、専門性へのこだわりが強い者も多く、法務部門も一組織であり、組織として機能を発揮することが期待されていることを踏まえると、若手のうちから当社での経験を積みマネジメントを志向する法務社員の育成もまた重要であることを改めて認識する必要がある。

② 人材育成について

人材育成については、対象が全社員になるものと、法務社員に限られるものに大別される。前者は、当社の経営基本方針やそれを体現する行動指針を徹底的に教え、企業文化や価値観を共有するもの（例：新入社員の導入研修）、必要なリーダーシップやマネジメントスキルを節目ごとに更新するもの（例：昇格研修）、将来の幹部候補を早期発掘し通常業務では得られないさまざまな知識や経験を与えるもの（例：選抜型幹部育成研修）、などが挙げられる。後者は、配属される法務部門の上司や先輩による OJT (On the Job Training) が中心にはなるが、新入社員やキャリア採用者に対し、法務部門独自の導入教育を実施し、その後も人材育成プログラムを整備することにより、通常の業務だけでは得られない知識や経験を得る機会を提供している（例：法務部門以外のコーポレート部門での業務、自部門以外の法務部門へのローテーション、海外勤務や米国ロースクール留学）。

他方、経営法務人材の育成については、どのような経験や教育が必要か必ずしも定まっておらず、現時点では、個々人の自助努力に委ねられていると言わざるを得ない。その具体的な検討を進めるにあたり、まずは、国内の事業会社の CLO を法務社員のキャリアゴールと仮定し、CLO を担うために必要な知識、スキル、経験等の要件定義を行い、後継候補者が有するそれらとのギャップ分析を行い、どう充足していくか、法務部門責任者間で検討、協議をする場を継続的に持っている。

③ 処遇について

本章の本文にも記載のあるとおり、法務社員の処遇は、生え抜き、キャリア採用を問わず、他の社員と同様の制度が適用されている。したがって、処遇のベースとなる昇格制度についても、同様であり、マネジメント機能を担うことで昇格する単一トラックとなっている。

他方、専門機能を中心に、今後は、マネジメントトラックに加え、専門職トラックを設け、マネジメント機能を担わなくとも高い専門性を発揮し経営に貢献することで昇格するキャリアパスの整備が進められている。法務部門においても、近年、高い専門性を有するキャリア人材の採用やリテンションを狙い、一般の社員に適用されるものとは異なる高度専門ポジション制度を新たに導入し複数の社員（日本の弁護士資格保有者）に適用することを開始している。

また、海外の法務社員については、処遇や昇格制度がグローバルに統一されておらず、海外各社が現地にてベンチマークをし、現地の労働市場や物価等を考慮し設定される基準で各ポジションの処遇が決まっているため、同じ法務部門の責任者（General Counsel (GC) や CLO）であっても、処遇にばらつきがあるのが実態である。

④ 配置や登用について

長年の間、各法務部門の責任者が経営メンバーに加わることがなく、またグループ全体の法務機能のトップも、他機能部門や社外から来ることが続いたが、現在は、法務機能のトップに生え抜きの法務出身者が就き、傘下の事業会社や海外拠点にも、CLO や GC 等の法務のバックグランドを持ち経営に参画する責任者を配置している。法務機能の経営参画や今後の持続性を考えると、グループ全体の法務機能のトップは、社外から専門家を招聘するのではなく、社内からの登用が望ましいと考えるが（ただし、生え抜きに拘るということではない）、傘下の国内事業会社の CLO は、必ずしも社内登用にこだわる必要はないと考えており、多様性や法務機能の進化や拡充も踏まえ、優秀な経営法務人材の登用を進めるべきと考える。

⑤ データベースについて

残念ながら、まだグローバルに法務社員を一括管理するプラットフォームは存在せず、今後の課題である。国内においては、外

部ベンダーの人材管理のソリューションを導入し一括管理を実現
しているが、海外は、各海外拠点から人材データを収集しマニュ
アルで管理をしているのが現状である。

　また、業務を遂行するうえでの目標設定や評価の仕組みについ
ては、一定の共通のベースラインはあるものの、各社に裁量を与
えているためばらつきがある。他方、法務機能のトップは、傘下
の国内外の CLO や GC 等の法務責任者の任免や評価プロセスに
関与しており、各々と期初に目標設定、期末に成果確認の面談を
実施しているため、内容については掌握している。ただし、これ
らの情報を統合的に管理するデータベースはなく、法務機能を担
当する人事が、マニュアルで情報収集、整理をしている。

Column　外資系企業のケース

　日本の大手企業との比較での外資系企業の①教育、②処遇、③
キャリアパス、④（人材の）データベースについて言及したい。
　①　教育について
　外資系企業では、教育と言えば、OJT（On the Job Training）
と言われる実践の現場で実務をしながら学ぶ形式だと言われるこ
とが多いが、外資系企業でもグローバルに展開しているような企
業では、大きく分けると２つの教育がある。１つは、企業文化を
醸成させる教育で、これは新卒・中途・専門職採用にかかわらず
徹底的にされ、二泊三日程度の合宿トレーニングなどでその企業
文化を徹底的に教え込まれる。２つ目は、リーダーシップなどの
トレーニングでマネージャー職に就いたりすると、その企業が求
めるリーダーシップやファシリテーション、コーチング術などの
トレーニングが課されて、これも泊まりがけでトレーニングに参
加させられて、その企業が求めるマネージャー像やリーダー像を
叩き込まれ考えさせてくる。自主性を求める外資ならではのト
レーニングは、コーチングというもので、部下を指示するだけで
はなく、一緒に目標を定めて、どうやってガイドしていくかを学
ぶコースである。
　②　処遇／報酬体系
　法務部門であれば、専門職採用であり、基本的には専門的な知

見があることを前提に処遇や報酬体系が定められていると考えられる。特に中途の際には、メジャーリーグの選手の移籍時の条件交渉のように、さまざまな条件の交渉が必要になる。年俸の額、支払い方法、インセンティブボーナスの料率、支払いタイミング、サイニングボーナス、さらには日本の弁護士であれば資格の維持費用（一般的には、その国の法曹資格であれば維持費用を負担してくれることが多いが、たとえば日本で勤務している米国の法曹資格者などの場合には、基本的には資格維持費用を持ってくれることは稀であろう）、住宅手当、子供の教育関連の費用などの交渉をすることがよくある。だいたいが年俸の上限額などがあるので（それをバジェット（予算）というが）、その範囲内で決めていくことが多い。

　同じ肩書でも、他の部門の人とは給与体系が異なることが多いが、海外の同様の職種の人とは、概ね近しい給与レンジに収まっていることが多い。

③　キャリアパス

　キャリアパスについては、キャリアパスは自らが決めるものというのが実は外資系企業での一般的な考えであろう。

　基本的にはポジション採用といって、法務部門のマネージャーを採用するとなったら、そのマネージャー職としての採用であり、昇進することはあるが、基本的にはそのポジションで採用されているので、仮に1つ上のディレクター級やさらに上のジェネラルカウンセルやチーフリーガルオフィサーのポジションが空いたら、セレクションという選考に自ら参加することになる。セレクションにあたっては、別の企業や弁護士事務所から応募する人と競争することになり、同じ会社に在籍しているので、多少有利な点があっても、基本的には競争がある。そもそも昇進の可能性が出てくる場合には、想定されている期待値よりも常に上回っているハイパフォーマーのみがセレクションに残るもので、期待値程度の人材が1つ上のポジションを狙うというのは一般的には厳しいことだ。

　法務部門では早めにジェネラルカウンセル候補とカウンセル候補に分かれて、ジェネラルカウンセル候補は、外資であってもさまざまな部門（知財とか独禁とか、取引法務とか、人事系、さらにはリーガルオペレーションズ）を担当していくことが多く、その中で厳しいセレクションを経ていく。もちろん他から来る人に

ポジションを奪われることもあり、外へ出ていくことも多い。すなわち、外資系企業でのキャリアパスは主体的に自分で決めていくものであると同時に、常に昇進・昇格時にも外部の人との競争が発生するものであり、極めて競争の激しいものである。

④ データベース

外資では人材のデータベースは存在し、従業員自身が自分のキャリアやキャリアパスを入力するシステムと自らの成績を入力し、年始に設定している目標値との比較をするという機能を有するものが多く、基本的には人事部門が管理している。その成績表と併せて、専門性などもデータベースには入力されていて、海外の本社でも横断的に見られるようになっているはずだ。

当然海外の本社で集中的に管理が必要なので、個人情報保護法上の手当や各国の労働法上の条件なども考慮しなければならないし、英語での入力が原則である。なお、このデータベースの改変などにあたっては、人事部門だけではなく、法務部門も大きく関与することがある。　　　　　　　　　　　　　　　〔中川裕一〕

Core 5

業務フロー

佐々木毅尚

5-1 | リーガルオペレーションにおける生産性概念

1 生産性の検討

　リーガルオペレーションで生産性を検討する際には、法務部門が運用しているすべてのオペレーションの生産性を同時に高めることは不可能であるためプライオリティーを設定し、最初にどのオペレーションの生産性を高めてくべきかを検討する必要がある。特に、生産性向上に焦点を当てて検討する際には、作業量が多い業務や反復継続した業務を選択すると最も大きな効果が生まれる。したがって、法務部門内で日常的に運用されている、いわゆるルーティンワークと呼ばれるオペレーションに焦点を当てて検討を開始することが望ましい。法務部門のルーティンワークとしては、契約審査と法律相談が代表的なルーティンワークであり、特に**契約審査**は作業量が最も多く、反復継続した作業内容であるため、生産性改善の最初のターゲットとして設定することが望ましい。

② リーガルテックの普及

　過去の企業法務に関する文献を参照すると、法務部門の機能、組織、人材、教育、予算に関する議論が積極的に行われていた。しかし、残念ながらリーガルオペレーションにおける**生産性向上に関する議論はほとんど行われていない**状況であった。このような過去を乗り越え、生産性向上に関する議論の契機となったのが、リーガルテックの登場と普及であった。2019年ごろから日本においてリーガルテックが本格的に始動し、リーガルテックの普及に合わせて、リーガルオペレーションにおける生産性向上に関する議論が積極的に行われ、これらの議論徐々に深まりつつある。特に法務部門のルーティンワークの中心を占める契約領域においては、電子契約サービス、AI契約審査サービス、契約書管理サービスを中心としたリーガルテックが急速に発展し、実際に法務部門の契約オペレーションの中で効果的に活用されている。リーガルテックの普及に伴い、各リーガルテックベンダーを通じてさまざまなオペレーション改善に関連する情報が発信され、法務部門の契約オペレーション改善に役立っている。

　さらに、リーガルテックが普及する以前は、日本で契約オペレーション全体に焦点をあてた、**契約ライフサイクルマネジメント**（**CLM**：Contract Lifecycle Management）という発想はなく、契約審査の受付方法、契約審査で活用する契約雛形の整備といった、部分的な各論ベースの議論が細々と行われていた。現在は、一歩進んで契約ライフサイクルマネジメントを念頭においた議論が主流となっている。

③ 契約ライフサイクルマネジメント

契約ライフサイクルマネジメントとは、契約書の、依頼、受付、作成、審査、締結、保存、履行、終了という一連の業務フローについて、契約書を作成する時点から保管するまでのライフサイクル全体を管理することを意味する。たとえば、企業が新規取引開始に伴い、基本契約書を締結するケースを想定し、日系企業における契約締結までの業務フローを見てみると、概ね以下のプロセスに分かれる。

① 担当部門が法務部門に契約書ドラフト作成を依頼する。
② 法務部門が契約審査担当者を選任する。
③ 契約審査担当者が契約書ドラフトを作成して担当部門に送付する。
④ 担当部門が取引先と契約内容を交渉する。
⑤ 担当部門と契約審査担当者が協議を行い、契約書ドラフトを修正する。
⑥ 担当部門が顧客と再交渉し、契約書の内容を確定する。
⑦ 担当部門が契約書を製本して捺印担当部門に送付する。
⑧ 捺印担当部門が捺印処理を行って担当部門に契約書を送付する。
⑨ 担当部門が顧客に契約書を送付して捺印を依頼する。
⑩ 担当部門が顧客から返送された契約書を保管する。

上記業務フローの詳細を見てみると、①と②は契約審査の**依頼**と**受付**プロセス、③から⑥は契約審査と**交渉**プロセス、⑦から⑨は契約**締結**プロセス、⑩は契約**保存、履行、終了**の管理プロセス

で、全体としてかなり複雑な業務フローとなっていることがわかる。

　これらの各プロセスには、さまざまな課題が存在している。たとえば、各プロセスにおいて、複数の部門と多くの担当者が関与しているため、複雑なコミュニケーションが求められる。仮にそれぞれのプロセスにおいて別のツールを使ってオペレーションを行うと、情報が散逸してしまい、フローの全体像が見えずに情報検索が困難となり、担当者しか現状を把握できないという問題が生じる。さらに情報集約がうまくできないことにより、担当者間のコミュニケーションでミスが生まれ、本来想定した契約条項が契約書ドラフトに反映されず、契約書作成作業のやり直しを余儀なくされることや、コミュニケーションの混乱によりスピード感のある対応が望めないといった現象が生まれることもある。

　また、現実的な問題としては、各業務フローの間で「**送付**」という事務作業が発生し、仮に手作業でこの事務処理を行っているとすると大きな事務コストが発生していることがわかる。特に「送付」という事務作業は、コストがかかるだけではなく、誤送付や滞留といったミスの原因となる要素を含む作業であり、契約書締結業務は、件数の増加に比例してコストとリスクがかさむ作業であるといえる。

　最後のプロセスである契約書の「**保管**」については、契約締結が完了した後、そのままキャビネットに直行して保管されるケースが散見される。このようなオペレーションが行われている場合、担当部門は契約書の内容を把握することができず、契約締結を担当した担当者が交代すると、契約期限、納期、検査、品質基準といった契約書に記載されている重要な義務や条件が履行されなくなるリスクもある。契約ライフサイクルマネジメントは、契約書の業務フローにおけるこれらの問題点を解消し、契約リスクを管

理していく1つの方法として考えられている。

　上述のとおり、各契約審査プロセスを通じてさまざまな課題があり、その1つのソリューションとして契約ライフサイクルマネジメントという議論が生じてきた。その意味で、契約ライフサイクルマネジメントの1つの大きな意義が、契約オペレーションにおける各プロセスの最適化を通じた効率化であり、生産性向上に直結する課題解決手法であるといえる。また、契約ライフサイクルマネジメントの適正化は、オペレーションにおける生産性向上だけではなく、ミスの削減、リスクの軽減、といった品質向上といた側面も持っている。契約ライフサイクルマネジメントという思想は、契約オペレーションの中で品質と生産性のバランスとそれぞれの最適化を実現できる、優れたマネジメント思想であるといえる。

> ☞ **法務部門実態調査**
>
> 　法務部門実態調査を見ると、「**業務の遂行と効率化・IT化**」という章で業務フローに関する調査が行われている。
>
> 　まず、**業務効率化・ノウハウ共有化の取組み**として、50.3％の法務部門が法務業務について、法務部門内で定型化・マニュアル化を行っていると回答しており（実態調査180頁）、多くの法務部門が何らかのオペレーション標準化に取り組んでいるといえる。
>
> 　次に、契約書の作成・審査の過程で、82.3％の法務部門が**契約書モデル**を作成しており、70.9％の法務部門が契約書の作成・審査について明文化した**社内規則**を定めている（実態調査187頁）。この2つは、法務部門に契約オペレーションの基礎インフラとして定着しているといえる。ただし、契約書の保管・廃棄に関する社内規則があると回答した法務部門は53.6％にとどまり、契約書の作成・審査について、明文化した社内規定があると回答した法務部門は40.4％にとどまる（実態調査188頁）ことから、**契約ライフサイクルマネジメントがまだまだ意識されていない状**

況にあるといえる。また、契約書の作成・審査について、法務部門内に統一されたルールや手順書があると回答した法務部門は38.3%、あらかじめ契約審査の担当者を決めて他部門に周知していると回答した法務部門は33.5%にとどまり（実態調査188頁）、**法務部門内のオペレーション標準化は、まだまだ進んでいない**ことが伺える。

　最後に、**テクノロジーの導入状況**を見てみると、契約審査にワークフロー・システムを導入していると回答した法務部門は31%、契約書の保管や取引先等の検索、契約期日等のために契約書管理システムを導入している法務部門は25.3%にとどまる。ただし、ワークフロー・システム導入については、前回の調査と比べて大きく12%も増加していることから、これからさらに導入が進むと考えられる。

5-2 | 法務のルーティンワーク（契約・法律相談）の標準化・改善

1　8つのコア

　日本版リーガルオペレーションズ研究会では、「日本版リーガルオペレーションズ」のコアについて、①戦略、②予算、③マネジメント、④人材、⑤業務フロー、⑥ナレッジマネジメント、⑦外部リソース活用および⑧テクノロジー活用に区分した。それぞれ8つのコアは相互に関連しており、⑤業務フロー、⑥ナレッジマネジメント、⑦外部リソースの活用、⑧テクノロジーの活用は、それぞれ密接に関連するため、業務フローの整備を検討する場合は、**それぞれのコアを同時に検討する**ことが有効である。特に、リーガルテックの導入と業務フローの整備を同時に検討するケースが多く、リーガルテックの導入によって、業務フローの進化が

加速され、期待できる成果も大きくなることから、テクノロジーの活用については、なるべく業務フローの整備と同時に検討したい。これから法務部門が業務フローの整備に取り組むのであれば、リーガルテックは必要不可欠なツールであることを念頭に置く必要がある。

② 業務フローの整備

コア5「業務フロー」においては、日系企業の法務部門における代表的なルーティンワークである契約審査と法律相談、商社や金融機関でルーティンワークとなっている投資について、それぞれの業務フローにおける到達レベルを解説している。

業務フロー整備のキーワードは、**見える化、標準化、定量評価**の3つに集約される。まず、見えないものは検討すること自体ができないため、業務フローの各プロセスを図示することがスタートラインとなる。前述した契約ライフサイクルマネジメントを参考にして、それぞれのプロセスを図示して、業務フローチャートを作成し、この業務フローチャートをベースとして業務フローの整備を進めていく。

次に、各プロセスの中で**標準化できるオペレーションがないか**どうかを検討していく。たとえば、**契約書モデルの整備**は、契約審査オペレーションの代表的な標準化事例であるといえる。仮に法務部門で契約書モデルを整備していなければ、契約審査の際に各法務担当者が個別に契約書モデルを探し、それぞれが別々の契約書モデルを用いて契約審査を行うことになり、非効率であるとともに品質にもばらつきが生じてしまう。契約書モデルの整備によって、オペレーションの標準化による品質の向上とスピードの向上を体感することができ、オペレーションの標準化を行った後

5-2　法務のルーティンワーク（契約・法律相談）の標準化・改善——■　125

Core5 業務フロー	法務のルーティンワーク（契約・法律相談）の標準化・改善	
レベル1	レベル2	レベル3
業務フローが整備されている段階	業務フローが標準化されている段階	業務フローを定量的に評価し、見直されている段階
＜法務のルーティンワーク＞ □契約・法律相談の案件窓口を設置し、受付方法を定めている □契約書モデルを作成している □法務部門内の業務分担を設定している **＜例：投資＞** □投資案件の業務フローを定めている	**＜法務のルーティンワーク＞** □法務案件（契約・法律相談）の受付窓口を統一している □契約審査の依頼基準を作成している □契約審査基準を作成している □法律相談の回答方針を作成している □主要な取引で契約書モデルを作成している □法務業務の処理手順を作成している □法務部門内の業務分担を明確化している □顧客満足度調査を実施している **＜例：投資＞** □投資案件のプロセスを管理している □投資案件の業務マニュアルを定めている □投資案件の書式モデルを定めている □投資案件のチェックリストを定めている	**＜法務のルーティンワーク＞** □法務案件処理のデータを分析してパフォーマンスを管理している（件数・納期・難易度） □法務担当者の処理件数とレベルを平準化している □契約審査の依頼基準を定期的に見直している □契約審査基準を定期的に見直している □法律相談の回答方針を定期的に見直している □契約書モデルを定期的に見直している □法務業務の処理手順を定期的に見直している □法務部門の業務分担を定期的に見直している □顧客満足度調査結果を分析して改善活動を行っている **＜例：投資＞** □投資案件のプロセスについて、定量的な評価を行っている □定期的に業務マニュアル・書式モデル・チェックリストを見直している
＜受付方法の例＞ ・メール、Slack、電話など様々で、その使い分けがされていない ・契約書モデル **＜業務分担の設定の例＞** ・業務分担が事実上決まっている	**＜受付窓口の統一の例＞** ・案件受付用のメールアドレス ・案件受付システム **＜基準＞** ・契約締結管理規程 ・契約書審査基準 ・法務部門業務マニュアル ・顧客満足度調査票 **＜業務分担の明確化の例＞** ・業務分担表の作成	**＜パフォーマンス管理の例＞** ・案件受付件数、処理件数、納期、難易度の月次t統計管理 **＜顧客満足度調査の例＞** ・顧客満足度調査結果分析データ

Core 5

は、**定量評価**を実施することにより、継続的なオペレーションの進化を目指すことになる。

　なお、オペレーションが有効であるかどうかを評価するためには**評価指標**が必要で、指標は恣意的な要素を排除するため、定量的な指標を用いる必要がある。たとえば、オペレーションが進化しているということを評価するためには、過去と現在の比較を行う必要があり、処理件数の増加、納期の短縮といった定量的な指標を示す必要がある。

　最後に、上述したの８つのコアは、それぞれレベル１、レベル２、レベル３という三段階でオペレーションの到達レベルを評価し、それぞれの評価に必要な要件を設定している。法務部門の到達レベルとして、レベル１はこれから法務部門を立ち上げる企業が目指すレベル、レベル２はオペレーションの整備を進めて業務フローが標準化されていると評価されるレベル、レベル３は最終的に目指すべき理想的なレベルの目安となっている。まずは、自分自身が所属する法務部門における業務フローを評価するところから始めたい。

③　レベル１の要件

　レベル１は、すべての法務部門が整備すべき業務フローの要件を設定しており、この要件は、法務部門を立ち上げる際に法務部門長が意識すべき到達レベルであるといえる。法務部門を設置する際の最初のステップとしては、法務部門が**ルーティンワークとして担当する機能**を設定する必要があり、立ち上げフェーズの法務部門は、伝統的な法務機能である契約審査と法律相談をルーティンワークとして選択することが多い。また、法務部門の人員も３名以下でスタートすることが多く、いわゆる**小規模法務部門**

として活動していく。

　法務のルーティンワークとして、契約審査と法律相談を現場から受け付ける際には、誰から、どのようなルートで、どのようなツールを使って、誰が案件を受け付けるか、法務部門における案件の受付方法を決定する必要がある。**法務部門への案件依頼窓口**が設定されていないと、法務部門と現場とのコミュニケーションがうまくいかずに案件依頼が放置される、法務部門で審査すべき契約が審査されずに現場で処理される、担当者間のミスコミュニケーションにより案件の処理が遅延するといった大きなミスが発生する可能性があるため注意が必要である。

　また、法務部門に複数の法務担当者が所属する場合は、**法務部門内の役割分担**を設定する必要がある。特に、ルーティンワークとして契約審査と法律相談を受け付ける場合は、それぞれが担当する案件を明確に区分するため、それぞれが担当する部門を設定することが望ましい。このような区分が設定されていないと、案件が現場の担当者からそれぞれの法務担当者に重複して依頼され、無駄な重複作業が発生する可能性がある。

　案件の受付方法については、Ｅメール、Slack、Teams、リーガルテック製品等、各社によってさまざまなツールが利用されている。**まずは、社内で標準となっているコミュニケーションツール**（Ｅメール、Slack、Teams 等）で案件受付をスタートし、一定量の案件が処理されてルーティンワークが確立した時点で、**リーガルテック製品**に切り替えるケースが多い。

　さらなる業務フロー整備としては、契約書モデルの作成が大きな改善効果をもたらす。近年、どの業界においても、ビジネスのファーストステップとして秘密保持契約を締結することが通例となっているため、法務部門が最低限整備すべき契約書モデルとし

て、秘密保持契約書モデルを作成しておく必要がある。**契約書モデルは、契約審査の効率化へ向けて必要不可欠なツールであると同時に、契約リスクを受け入れる際の基準を示す**ものでもあるため、契約審査の品質向上にも大きく貢献する。秘密保持契約書に加えて、業者から各種サービスの提供を受ける際に活用する業務委託基本契約書、自社製品を含む動産の売買を行う際に活用する取引基本契約書を整備しておくことが望ましい。契約書モデルは、会社の取引に対する姿勢を示すものであり、あまりにも自社に有利な契約条項ばかりを記載すると自社の信用を失墜する可能性があるため、リスクヘッジとリスクテイクのバランスに注意する必要がある。

　最後に、投資案件については、契約審査・法律相談と同様に、ルーティンワークとして各投資案件に共通する業務フローが存在する。こちらについても、まずは業務フローの可視化作業を行い、プロセスを図示することにより、投資案件の起案から社内決裁へ向けた標準的な業務フローを設定することが最初のステップとなる。

④　レベル２の要件

　レベル２は、法務部門がオペレーションの整備を進め、業務フローが標準化されている状況にあると評価されるための要件を設定している。こちらも、法務のルーティンワーク（契約審査・法律相談）と投資に分けて要件が設定されており、それぞれ個別に解説する。

(1)　法務のルーティンワーク（契約審査・法律相談）

　契約審査と法律相談の業務フロー整備については、案件受付プロセス、案件審査プロセス、その他のプロセスに分けて到達レベ

ルを評価している。

　まず、案件受付プロセスにおいては、案件の受付方法を定めることをレベル１の要件として設定しており、レベル１を超えて業務フローの標準化を行うとレベル２に到達する。たとえば、案件の受付窓口を設置するだけではなく窓口を統一することや、契約審査の依頼基準を作成することは、標準化の代表的な事例であるといえる。仮に案件の依頼窓口が統一されていない場合、特定の法務担当者に案件が集中する可能性があり、法務部門としては、人的リソースを有効に活用することができなくなってしまう。これは法務部門にとって大きなロスであり、労務コストの最適配分の観点からも避けなければならない事態である。また、契約審査の依頼基準を設定していない場合、既存の契約書モデルとまったく同じ内容の契約書が審査依頼される可能性があり、リスク管理の観点から見て意味のない無駄な作業を行うことになる。

　次に、契約審査・法律相談プロセスにおいては、契約審査基準を作成している、法律相談の回答方針を作成している、主要な取引で契約書モデルを作成している、法務業務の処理手順を作成していることがレベル２の要件となっている。特に契約審査と法律相談は、過去の案件と内容が類似する案件が依頼されることが多く、過去の案件をベースとして標準的な回答基準・方針を作成しておくと、リサーチの手間を省くことが可能で、回答のばらつきがなくなることから、コスト削減と品質の安定につながる。また、社内の主要な取引で契約書モデルを作成しておくと、こちらも契約審査のコスト削減と品質の安定に直結する。

　次に、法務業務の処理手順を定めることも、標準化の観点から重要なポイントとなっている。たとえば、契約審査の際に他部門への照会が必要な場合、照会を行う他部門の担当者を設定してお

くとスムーズに照会手続を行うことができる。また、事務処理手順を書面化しておくと、法務担当者が採用、退職、異動等で入れ替わった場合も、スムーズに引継ぎや初期教育等を行うことができる。

さらに、その他のプロセスとして、法務部門に所属する法務担当者数が一定レベルを超える場合、業務分担を明確化しないとオペレーションに混乱と無駄が生じる。案件によっては、複数の法務担当者がチームを組成して対応するケースも想定し、各法務担当者の役割を書面で明確化することが求められる。また、法務部門が提供するサービスの品質を確認するため、法務部門に案件を依頼する部門の声を顧客としての立場から聴くことも有効な手法であるといえる。毎年、法務部門が提供するサービスの品質を評価するため、顧客満足度調査として、依頼部門に対してアンケート調査を実施することが望ましい。

最後に、案件受付窓口を統一する際に活用するツールとしては、案件受付専用のメールアドレスを設置、またはリーガルテック製品の導入を通じて受付窓口を統一することが考えられる。さらに、レベル評価を行う際の基準としては、契約締結管理規程、契約書審査基準、法務部門業務マニュアル、顧客満足度調査票、業務分担表が法務部門で作成され、運用されているかどうかが、レベル2判定の客観的な要件として設定されている。

(2) 投　資

投資の業務フロー整備については、投資案件のプロセスを管理していること、業務マニュアルを定めていること、書式モデルを定めていること、チェックリストを定めていることが、レベル2の到達要件として設定されている。考え方は、契約審査・法律相談と同様で、まずは、投資の業務フローを標準化するため、投資

5-2　法務のルーティンワーク（契約・法律相談）の標準化・改善──■　131

の処理手順を記載した業務マニュアル、契約書モデルに相当する
投資の書式モデルを作成することが求められている。また、標準
的な業務フローを定めて投資プロセスを管理し、チェックリスト
を活用することにより、業務の効率化と品質の安定を実現するこ
とができる。

⑤　レベル３の要件

　レベル３は、法務部門が最終的に目指すべき理想的なレベルの
要件を設定している。レベル２で業務フローの標準化を達成した
後、さらなる業務フローの改善を進めるためには、業務フローを
定量的に評価して見直す作業、いわゆるモニタリングを実施する
必要がある。モニタリングを実施しない場合、達成された成果を
確認することができず、業務フローの改善が中途半端に終わって
しまうことが多く、せっかくの努力が一過性のプロジェクトとし
て過去の遺産となってしまうリスクもある。法務部門がいくら頑
張っても、業務フローの改善が進まない大きな理由の１つとして
考えてよい。

　モニタリングを行う際は、定量的な指標を設定しないと正確な
評価を行うことはできない。たとえば、契約審査においては、毎
月、法務担当者ごとのパフォーマンスデータを取得することが重
要で、それぞれの担当者ごとに処理件数と納期（処理日数）を最
低限のパフォーマンスデータとして把握しておきたい。また、パ
フォーマンスデータを分析することで、担当者ごとの案件処理数
と労働時間のばらつきをチェックし、案件処理を平準化させるこ
とにより、法務担当者の人的リソースを有効に活用することがで
きる。さらに、法務担当者が審査した契約の種類を分析すること
により契約書モデルの追加作成を検討し、難易度とリスクの低い

契約書の審査依頼が多い場合は、契約審査の依頼基準を見直して、そのような契約書を審査対象から除外することにより、人的リソースの有効活用をさらに促進することができる。このように、定量的な指標を使って分析することによって、業務フローの持続的な改善が期待できる。

　他の要件としては、定量化指標によるモニタリングと並行して、レベル2で標準化を目的として作成した、契約審査の依頼基準、契約審査基準、法律相談の回答方針、契約書モデル、法務業務の処理手順、法務部門の業務分担等の標準化ツールを定期的に見直すことを求めている。これらの標準化ツールは、オペレーションの変更、法令の運用動向、人員の変更等に応じて、定期的に見直すことが求められる。一度作成したツールをそのまま放置するケースが散見されるため、毎年一定時期にそれぞれを見直す機会を持つことが望ましい。また、顧客満足度調査については、調査の実施、集計、結果分析だけでは十分ではなく、分析結果をベースとしてオペレーションの改善を行わなければならない。調査を実施すること自体を目的とせず、調査結果をオペレーション改善のためのツールとして有効活用することが求められる。

　さらに、投資についても、レベル2で整備した投資プロセスについて、定量的な指標で評価を行うことが求められている。また、投資に関係する業務マニュアル、書式モデル、チェックリスト等も定期的に見直すことが求められる。

　最後に、パフォーマンス管理のツールとしては、処理件数、納期（処理日数）納期、難易度を月次で集計して管理することが有効で、顧客満足度調査については、長期間にわたって調査を行う項目と、単年度のスポット調査として行う項目に区分し、アンケート調査を行うことが望ましい。

5-3 | 参考事例

ここでは、『リーガルオペレーション革命』（商事法務、2021）に記載されているリーガルオペレーションの整備モデルを紹介する。

1 担当領域の設定

企業の活動は、法律問題で溢れており、会社の設立、社員の採用、資金の調達、製品の販売、代金の回収といった基本的な企業の活動は、すべて法律問題である。このような環境の中で、コストとリスクという視点で考えると、企業活動の中で発生するすべての法律問題を法務部門が担当することは合理的ではなく、**一定のリスクが発生する領域を担当領域として設定する**ことが合理的である。

特に契約審査業務については、法務部門が契約審査実務を担当することになるが、コストの視点で見ると、法務部門の人員規模によって処理できる契約書の件数が決まるため、法務部門の人員規模に応じて担当領域を絞ることを考える必要がある。また、リスクの視点で見ると、銀行取引約款、事務機器リース契約等の定型的な契約は、契約自体が取引条件であるため、契約条項を修正する余地はほぼなく、リスクも一定かつ軽微であることから、このような契約書類型は**担当領域から除外する**ことが望ましい。

さらに、取引金額によってリスクが異なることから、取引金額を基準として担当領域を設定することも合理的である。

法務部門が担当する領域については、**社内規定として明文化し、社内で周知する**ことが求められる。ただし、その運用基準は、法

務部門の権限を定めたものであると同時に、義務でもあることから、一定の期間を定めてトライアルとして運用を行い、運用が安定した段階で**運用基準を社内規定化する**ことが望ましい。また、事業環境の変化によって契約書の構成が変化することから、運用基準については、**毎年、見直していく**ことが求められる。

② 担当者の配置

　法務部門が担当する領域が決まれば、どのように法務担当者が受け付けた案件を処理していくかについて、検討を行う必要がある。

　一般的には、会社別、部門別といった、社内の組織別に法務担当者を配置する方法（**組織別担当制**）、契約、紛争・訴訟といった業務別に法務担当者を配置する方法（**業務別担当制**）、このような区分を行わない手法（**ランダム担当制**）があり、選択にあたっては、企業の事業規模や法務部門の人員規模が大きな影響を与える。大規模な法務部門は、組織別担当制か業務別担当制を選択し、小規模な法務部門は、ランダム担当制を選択するケースが多い。

　運用にあたっては、業務別担当制と組織別担当制を選択する場合、法務担当者が担当する案件が偏る可能性があるため、中長期的な法務担当者のキャリアパスを考えると、定期的に法務担当者のローテーションを行うことが望ましい。たとえば、組織別担当制を選択して法務担当者が研究開発部門を担当する場合、どうしても担当案件が、秘密保持契約、共同開発契約、ライセンス契約等の知財系の契約に偏ってしまう。解決の方法としては、定期的に法務担当者のローテーションを行う方法と、一定の共有案件を定めて、共有案件については、組織別担当制を無視して担当案件を配布する方法がある。共有案件を定める方法を選択する場合は、ある一定の組織については、法務担当者を設定せずに、この組織

から受付けた案件を共有案件として、案件に偏りのある法務担当者に配布するという運用を行うとスムーズに運用できるケースが多い。

③ 業務フローの整備

(1) 承認ルートの考え方

法務部門のオペレーションを改善するための作業は、最初に**ターゲットとなる業務を設定**し、その**業務フローを整備**していくことから始まる。まず第一歩としては、それぞれの業務ごとの処理フローをフロー図として書面に記載し、無駄な承認ルートや確認ルートが設定されていないかどうかを分析していく。特に承認ルートや確認ルートは、なるべくシンプルな形で運用する必要があり、それぞれの**承認・確認作業に実効性があるか**どうかを厳しい目で分析する必要がある。たとえば、ある業務の処理フローの中で、職制に従って、担当者⇒係長⇒課長⇒部長という承認・確認ルートが設定されていると仮定する。これが契約審査や法律相談依頼の申請フローであれば、直属の上司である係長が申請内容の詳細をチェックし、課長と部長は申請内容を形式的に見て受け流している可能性が高い。したがって、契約審査依頼自体が課長や部長の承認・確認を必要とする重要な業務に該当する可能性は低く、スピードを優先させたほうが大きなメリットを享受できると考えられる。

(2) 法務部門内の業務フローの整備

業務フローを考えるうえで、全社的な**業務フローを検討**すると同時に、法務部門内における業務フローを検討する必要がある。特に、法務部門のルーティンワークである契約審査業務や法律相談業務において、最初に検討すべき課題は、それぞれの業務フ

ローの入口にあたる、案件の申請受付に関連するフローであるといえる。

　現場の依頼者が案件を処理する法務担当者を自由に指定できるオペレーション（**分散型オペレーション**）は、依頼者にとって便利であるが、法務部門にとっては、法務担当者が担当する案件を適切に配布・管理することができず、担当案件の数、種類、難易度の偏りという現象が常に発生し、生産性の改善や人材育成の観点から見ると大きな問題を抱えている。したがって、法務部門のルーティンワークに関係する業務フローは、申請受付の窓口を統一化するオペレーション（**集中化オペレーション**）を軸に検討すべきである。

　集中化オペレーションを採用する場合、①受付窓口を一本化して案件配布を行うケース、②複数の窓口を設定してそれぞれの窓口から案件配布を行うケース、②最初に統一窓口で受け付けて中間の窓口に転送して案件配布を行うケースが想定される。本来、受付窓口を一本化することが理想であるが、案件数が多いと実際にオペレーションを行うことが厳しくなるため、必要最小限の範囲で**複数の受付窓口を設定する**ケースも多い。たとえば、案件数が多く、事業部門が5つある会社では、それぞれの事業部門ごとに5つの受付窓口を設定することが考えられる。

　また、**案件管理の関係上、案件の受付・配布を行う人物は1名とすべきで**、複数の受付窓口を設定する場合は、それぞれの窓口ごとに案件の受付・配布を行う人物を設定し、法務担当者の案件処理状況を見ながら案件配布の最適化を検討する必要がある。

(3)　法務担当者と管理者の関係

　法務部門内における業務フローを検討する中で、案件を処理する法務担当者と処理結果をチェックする**管理者の関係について考**

慮を行う必要がある。まず、1人の管理者に対して何人の法務担当者を配置するかという課題があり、最も現場の依頼者に近く、実際に案件を処理する法務担当者をどのように管理していくかという、ルーティンワークの生産性に直結する重要な課題である。管理者が原則として案件処理実務を行わず、チェック業務に専念できる場合は、3〜5名程度の法務担当者の案件管理を行うことが最適なユニットの人員規模であることが多い。担当者の数が多すぎるとチェック業務に時間がかかり、管理者のチェック処理遅延を原因として生産性を落としてしまうケースが発生するため、**生産性と品質のバランスを考えて人数を判断**する必要がある。

④ 契約審査業務の業務基盤

契約審査業務の業務基盤としては、法務担当者が管理者にドラフトチェックを依頼する基準を設定することが重要である。たとえば、定型的な秘密保持契約書については、リスク管理の観点から契約書レビュー作業に2人工をかける必要性はなく、法務担当者1人のレビューだけで十分であると考えられる。ただし、法務担当者によって能力が異なることから、統一的な基準というよりは、**法務担当者それぞれの個性と能力に合わせて基準を設定**し、法務担当者と管理者の相互でコンセンサスを得て運用を行う必要がある。

また、契約書のレビュー基準を作成することも生産性に大きな影響を及ぼす。たとえば、取引契約書ドラフトの中には、品質基準条項、知財条項、支払基準等、他部門のチェックとコメントを必要とする契約条項が多い。このような契約条項については、事前に他部門と協議を行い、会社として受け入れ可能な範囲を定めておけば、他部門への照会作業を省略することができる。他部門

への照会に時間がかかるケースも多いことから、**レビュー基準を作成**しておくと契約審査の納期短縮に大きく貢献する。

その他、契約書の**書式設定のルール**も事前に整備しておくと便利なツールである。特に契約書の文言の中で、および、または、ただし、なお等が頻出するが、これらをひらがな表記とするか、漢字表記とするか等の記載ルールを法務部門内で統一すると**契約書の格調が高まる**。その他、条項数の表記、文体・文調、契約書名義の肩書記載ルール等、統一すべき書式は多い。また、契約審査を行う頻度の高い契約書類型や典型契約の類型については、契約書の自社ひな形を作成しておくと、そのひな形を自社の契約審査基準として活用することができ、契約審査基準の統一化を図るツールとして活用することができる。

5 モニタリング

(1) 数値データの取得

一般的な視点から見て、作業を最適化するためには、最適化を判定するための基準が必要で、この基準を作成するためには、**正確な数値**を必要とする。また、正確な数値を得るためには、作業プロセスを可視化して、測定ポイントを定めて数値を測定し、その数値をデータとして蓄積していかなければならない。

実際に作業の最適化を実現するためには、一定期間、蓄積された数値データを使って作業内容を分析し、さまざまな仮説を立てながら改善点を探っていく。したがって、法務業務の生産性改善を目的とした業務改革を実行する際は、最初の第一歩として作業の見える化を推進することが最も重要で、数値データをベースとして問題点を発見し、仮説を立てながら改善策を探っていくことが求められる。

(2) 契約審査業務の最適化

契約審査業務を最適化するためには、審査依頼から回答までの業務フローを検証してフローの中から無駄を省くだけではなく、それぞれの業務プロセスにおける数値データを検証することによって問題を発見し、また一定期間における数値データの推移の中から問題点を発見して改善策を考える必要がある。さらに改善策を実行し、**トライアンドエラーを繰り返しながら少しずつ業務を改善していく**ことが求められ、これがまさに契約審査業務のPDCA サイクルの中核であるといえる。

業務改善を行うために必要な数値データとしては、**案件の処理件数**と**納期遵守率**が特に重要なデータである。案件の処理件数については、法務部門全体の処理件数と担当者ごとの処理件数を数値化し、納期遵守率については、**3 日納期、5 日納期、10 日納期を数値化する**ことを推奨する。また、運用の中でそれぞれの目標値を設定して管理することが望ましく、最初は 6 か月程度の数値を計測して平均データを算出して目標値を設定するとよい。

(3) 契約書難易度の数値化

さらに一歩進んで、契約書の**難易度を数値データ化**することも有効である。数値化の要素としては、言語（日本語・外国語）、ドラフトのパターン（自社ひな形・他社ひな形）、契約書のボリューム、関係部門への確認の有無（法務部門以外との連携の有無）、リーガルリサーチの有無、ボーナスポイント（その他加点要素）等があり、これらの難易度の要素をそれぞれ数値化し、その数値を合計して、3 ランク程度に区分すると難易度を管理しやすい。

(4) ボトルネックの発見

業務プロセスの見える化を推進することによって数値データが取得できれば、毎月定期的にデータをチェックし、処理フローの

中で眠っているボトルネックを探していく。たとえば、納期遵守率が低くなってしまう原因を大まかに区分すると、法務担当者の処理能力の問題、業務フローの問題に大別される。**法務担当者の処理能力の問題**については、案件の配布数が処理能力と比較して適正であったかどうかの問題であり、それぞれの法務担当者の処理能力をしっかりと見極めて配布件数を調整すれば改善される。特に法務担当者の処理能力は、契約審査以外の業務量、体調や家庭環境といったプライベートな問題に影響を受けることも多く、毎月変動する可能性が高いため、管理者が法務担当者の就業環境を細かくチェックする必要がある。また、業務フローに問題があれば、**業務フローまたは各プロセスの改善策を検討する必要**がある。たとえば、ある契約条項について、他部門へのリスク照会に時間がかかっている場合は、前述のレビュー基準を整備することで改善されることが多い。また、案件を処理するための情報収集に時間がかかっている場合は、契約書の審査依頼申請の際に依頼者が提出する情報を充実させることで改善されることが多い。

契約審査業務を最適化するうえで重要なポイントは、データをベースとしてボトルネックを発見することと、小さな改善の積み重ねが全体の生産性に大きな影響を与えることを意識することで、法務担当者と管理者が連携して**日々の小さな努力**を積み重ね、業務を少しずつ改善していくことが重要なポイントである。

5-4 ┃ 参考文献

・佐々木毅尚『リーガルオペレーション革命』（商事法務、2021）
・株式会社 LegalOn Technologies 編・奥村友宏編集代表『ザ・コントラクト——新しい契約実務の提案』（商事法務、2023）

Column	スタートアップ企業の法務部門における業務フローの整備

　筆者はスタートアップ企業に所属しており、2020年11月に同企業において法務部を立ち上げ、まさに８つのコアにおける「⑤業務フロー」（以下「本コア」という。）のレベル１から出発して業務フローの整備を進めていった。当初は一人法務であったところ、企業の成長とともに契約書の件数や法律相談が増加し、資金調達、ストックオプション制度、コンプライアンスやリスクの管理など、法務機能に求められる役割も広がった。このような背景から、法務担当者の採用を進め、現在は８名で構成される組織になった。また、成長途上にあるスタートアップ企業では、市場環境や世の中の動向にあわせて迅速に行動することが求められるため、一度、業務フローを設計するだけでは十分に機能しなくなり、改良が求められる。そのため、筆者は、法務部の立ち上げ後、約２年足らずで本コアにおけるレベル１からレベル３までのそれぞれの段階を経験することとなった。本コラムでは、本コアの各レベルにおける取組みを紹介したい。

①　レベル１ 「業務フローが整備されている段階」〔p.126〕

　当初、「業務フローが整備されていない状態」であったため、レベル１の状態を目指すべく、当社におけるルーティンワークを洗い出した。多くの企業と同様に、とくに契約書の締結件数が多くあったことに加えて、契約書が一元的に管理されていないという課題があった。そこで、契約書のライフサイクル全体を統制するため、契約書審査だけでなく、その保管までの一連の流れをルーティンワークとして整理した。具体的には、フローチャートを用いて現場の担当者がすべきことを時系列で視覚的に示したうえで、そのフローチャートが実行されるようなインフラを設置した。

　フローチャートは大きくは「契約書審査」→「稟議及び捺印申請」→「契約書保管」となるものの、いずれの当事者が契約書を製本するか、先に捺印をするのか、はたまた電子契約で進めるのかによって細かく分岐する。確実に契約書が管理される状態を目指すため、分岐が想定されるパターンごとにフローを図示して、現場の担当者が迷うことなく作業を進められるようにした。

フローチャートの設計後は、そのとおりに実行されるためのインフラを設置した。まずは、出発点である契約書審査の受付窓口の設置である。社内コミュニケーションで使用しているチャットツール（Slack）上に、専用のチャンネル（特定の事項についてテキストチャットを行う専用のスペース）と依頼フォームを設置し、当該フォームから依頼できるようにした。稟議と捺印申請については、全社で導入済みの稟議システムに組み込んだ。契約書保管については、契約書原本を集約するための契約書ポストを社内に設置し、当該ポストに投函された後は適切に契約書が保存されるようにした。すなわち、法務アシスタントが、ポストに投函された契約書原本をデータ化し、当該データを契約書管理システムに保存するとともに、紙の原本については施錠可能なキャビネットに保存するという仕組みにした。電子契約の場合は、さまざまな電子契約サービスがあったため、それぞれのサービスごとのフローを考え、どのサービスを利用しても最終的に1つの契約書管理システムに保存されるようにした。

また、立ち上げ後2か月ほど経過すると、社内で頻繁に利用される契約類型が肌感覚でつかめてくる。そこで、そのような契約類型については、契約書モデルを作成し、法務に依頼せずに現場の判断で活用して締結してよい領域を定めていった。当時は、あまり意識して取り組んでいたわけではなかったものの、レベル1の段階で、後にレベル2で整備することになる「契約書審査基準」の基礎ができあがりつつあった。

さらに、徐々に人員が増えるにつれて役割分担を明確にする必要性が生じた。そこで、定型業務と非定型業務をスプレッドシートに列挙し、各業務の担当者を定めた。また、資金調達や人事制度の設計などの当社における非定型の案件のうち長期化しかつ部署を超えて遂行するべき案件については、当該スプレッドシートとは別にWBS上でさらに詳細の業務分担を定めてプロジェクトとして管理した。

② レベル2「業務フローが標準化されている段階」〔p.128〕

標準化を目指すようになったのは、法務組織の人員が増え、各法務担当者のスキルや経験によって、契約審査や法律相談の結果に差異が生じるおそれが生じたことがきっかけであった。とくに、過去に問題ないと回答した案件と類似の案件に対して異なる指摘

をした場合、現場の担当が混乱し、法務部門に対して不信感をもつことが少なくないため、当社として受容可能な点と基準を明らかにした。

また、契約書の審査件数が増加し、法務部門においてすべての契約書を審査することが現実的ではない件数になったため、一定の基準で契約書の審査を不要とする領域を設けた。これらは、契約書の審査と保管に関する社内規程にも明文化した。

さらに、人員が増加したことに伴い、法務部門内の業務の内容やその遂行手順も明らかにするため、法務担当者のみがアクセスできるイントラネットページを設置し、法務部門内の業務フローのマニュアルを用意した。たとえば、契約書審査の各プロセスにおいて、それぞれ契約書審査システムのどの機能を利用するのかといった事項があげられる。

このマニュアルは、新しい法務担当者が入社した際のオンボーディング資料として利用されたり、担当者が休暇等で不在となった際に別の担当者が代わりに業務を遂行する際に参照されたりしており、法務業務に関するナレッジの属人化を防ぐことに貢献している。

③ レベル３「業務フローを定型的に評価し、見直されている段階」〔p.131〕

実際に運用を開始してみると、それなりにフローどおりに進むものであるが、課題も少なからず生じてくる。よくある例だと、法務担当者が納期管理を怠り現場の担当者が希望する納期までに契約審査ができなかったり、現場の担当者からの依頼のメッセージを見落としてしまったりすることがある。こうしたミスは、それぞれ小さいものであったとしても、その都度現場の担当者に謝るだけでなく、どうすれば仕組みで解決できるかを考えるようにした。ここで活用できるのがテクノロジーだと考える。先の例だと、納期管理を怠った原因が納期を失念していたことにあるとすると、案件管理システムを導入して各案件の納期を一覧化し、納期が早い案件から作業ができるような環境を整えた。

また、これまで感覚値であった法務業務の量や成果を数値化する取り組みも始めた。データアナリスト担当を設置し、データを集計・分析して納品までの数値を可視化して課題がないかを確認するとともに、法務担当者の業務負担の偏りを軽減し、ときに採

用の必要性を判断する材料にした。

　さらに、スタートアップ企業では各部門が試行錯誤でさまざまな試みを実施するため、これまで非定型業務だったものが定型化されたり、法務部門に新しい役割が求められたりする。たとえば、米国に子会社を設置し、当該子会社の法務機能を担うことになる等である。その場合は、レベル1やレベル2に戻って、受付窓口や方法を見直している。

　業務フローの整備は、正解がなく終わりのない取組みである。自分の組織が置かれた状態を見失いそうになったときに、この日本版リーガルオペレーションズ研究会の本コアを参照して現在地点を見直している。本コアは、いわば法務組織のオペレーションにおける羅針盤のようにお使いいただけるものと思う。

〔吹野加奈〕

Core 6

ナレッジマネジメント

明司雅宏

6-1 │ 問題の所在

1 ナレッジマネジメントの現在地

　企業法務の仕事は、知識と経験が重要であるとよく言われてきた。知識としては、基本的な法律知識は当然として、所属する企業の業種によっては、重要な各種業法や規制などにも習熟しなければ仕事にはならない。

　また、計数面（アカウンティングやファイナンスなど）の知見も当然に必要とされるであろうし、クリティカルシンキングやプロジェクトマネジメント能力も必要とされる。プレゼンテーション能力も必須であるし、英語力などの語学力や AI 活用を含めた IT スキルもなければ仕事はうまくはかどらないであろう。

　ただし、本項で扱うナレッジ＝知識はこれらの知識とは異なるものである。上述の知識を習得するための手段（セミナーや書籍など）のリストなどは含まれるかもしれないが、知識そのものではない。

　法律の条文自体は、G-GOV. などの検索サービスや、有料のサ

ブスクリプションサービスの条文もある。日本国内の判例であれば、判例検索サービスで検索することも可能である。会社のオフィスにおいて書庫が充実していて、法律関係の書籍も整備されている企業もあるであろうし、現在では法律書籍のサブスクリプションサービスも多数提供されている。しかしながら、このような情報の活用法としてのナレッジマネジメントについては、本項では取り扱わない。

　では、ここで取り扱うべくナレッジ＝知識とはいったい何を指すのであろうか。

　それは、各企業の法務部門で蓄積されているはずの各種過去事例や自社内で作成された契約書のひな形（その解説を含む）などや、訴訟の記録、法律相談などに対し、一定の法的判断を行ったその思考過程・議論の経過・外部弁護士に相談した結果のメモ・社内におけるプロセス・判断の結果などをいう。

　さらには、法務部員としての仕事の進め方といったマニュアルも含まれるであろうし、新入社員や経験者採用で入社した部員に対してその企業特有の事項についてレクチャーする際に使用するための資料集などもここに含まれる。

　つまり、各企業の法務のスキルやノウハウが化体したものといってもよい。

　また、上述の検索サービスや会社が契約しているサブスクリプションサービスの一覧であったり、その活用法を含めた利用マニュアル、あるいは新しいサービスの情報を取得する仕組み、自社のナレッジがどのような場所において格納されているかなどの一覧などについても、このナレッジに含まれる。

　これらのスキルやノウハウは、一般化されたものとしては、書籍や外部の各種のサービスでも入手可能かもしれないが、その企

業特有の事例や、過去の判断（特にある程度踏み込んだ判断などは外部に出されることはないだろう。）、は、一般ルートでは入手不可能であろうし、前述のどこを調べたらわかるかという手段の一覧についても、自社特有のものといってよい。

これらのスキルやノウハウは、整理されているかどうかは別にして、あるいは検索可能かどうかは別にして、各企業の内部において何らかの形では保管されているはずである（少なくとも締結済の契約書が会社のどこにも存在しないとうことはありえない。それがたとえ外部の倉庫に半永久的に眠っており、捜索不可能であったとしても存在はしている。）。

② ナレッジマネジメントの必要性

企業法務担当者が1人で業務を行っているのであれば、その担当者のノートやパソコンに情報が保存されていることでも何ら支障はないと思われるかもしれない。

しかし、いくら定年が延長されたといっても、その担当者は未来永劫その会社に勤務できるわけではなく、いずれ退職してしまう。

あるいは、会社の業容の拡大などによる業務量の増加により、担当者を増員する必要性が生じるかもしれない。その際には、ある特定の担当者のノートやパソコンに保存されている情報は、新任担当者はアクセスすることができない。つまり、スキルやノウハウは、本来企業の財産であるにもかかわらず、その企業が活用することは決してできない状態に陥っているのだ。そのスキル・ノウハウ獲得に要した費用を考慮すると、活用できないスキル・ノウハウは、もはや負債といっても過言ではないであろう。

そして、現在では、従来型の新卒で法務部門に配属され、一か

ら鍛えられて一人前になった法務部員で構成されている法務部門という組織形態から、他企業からの中途採用者や、弁護士事務所等から企業内弁護士としての採用の増加など、さまざまな背景をもった人員で構成される組織も多くなっているであろう。

このようないわゆる新卒以外の人材が一番苦労するのが、その企業独自の組織文化であり（社内でのみ通用する用語などは典型例である。）、暗黙に作られているしきたりであり、各社固有に存在する具体的な仕事の進め方である。そして、それは企業法務部門においても、まったくもって同様である。

たとえば、契約審査業務を例にとってみても、合意管轄条項はどのような契約に追記するのか、損害賠償の上限が定まっている場合には、どのようにコメントすべきか（とにかく一旦は上限規定を削除してレビューして交渉を開始するといったルールのようなものがある企業もあると聞く。）、など企業において明文化されなくてもできあがっている「文化」「しきたり」といったものが存在するであろう。もはや趣味の領域に達しているものも散見されるが、ある程度の標準化やマニュアル化の一端として行われているだけでなく、いわゆる口頭秘伝的に培われた文化的な要素もある。

さらには、過去の法的な判断なども重要な情報である。ある事例について、可否の判断がつかず、前例はどうであったか確認したくなった経験は誰にでもあるだろう。

法律相談の結果の判断は、誰が行っても同じ判断になるとは限らない。コンサバティブに回答する場合もあるだろうし、ある程度踏み込んだ意見を述べることもありうる。

ただ、いずれの場合であっても、同様の過去事例というのは判断のよりどころになるものであるし、それがひいては、その企業の法務の品質の維持や安定性につながるものである。

そのためにもナレッジは蓄積され、整理され、活用されなければならない。

③ ナレッジマネジメントの許容性

ナレッジマネジメントが従来以上に可能となった背景には、ＩＴ化、デジタル化の進展がまずは挙げられる。

たとえば過去に紙で保管・管理されていた契約書を検索し閲覧しようと思っても、仮にその紙ファイルの保管が体系的に分類されていたとしても絶望的に困難であっただろう[1]。デジタル化において検索というツールが活用できるようになり、過云データのアクセス可能性は格段に高まったといえよう[2]。

しかしながら、紙の契約書がすべてスキャンされデジタル化されているとは限らない。もちろん見ることもない契約書をすべてスキャンし、デジタル化することは、費用対効果の側面で意味がないのは当然である。

そして、これらのデジタルデータに基づき、法務担当者の業務管理や各担当者別あるいは依頼部署別の経年的な傾向の分析などにも応用することもできるであろう。

こうした一定の定量化や分析が可能となったのも、ＩＴ化、デジタル化が進展したからにほかならない。

1　体系的に整備されていたとしても見つけ出すのが困難な点は、図書館の書籍がどれだけ体系的に整理されていたとしても、その区分だけではたどり着くのが困難なものがあることからも想像できよう。

2　これらについては、現在のレベルのデジタルツールが普及する以前から、その必要性は論じられてきている。その例として、間渕剛志「ＩＴの浸透と企業法務」NBL778号（2004）3頁など。

4　ナレッジマネジメントの課題

　あくまで個人的な見解であるが、従来型の法務パーソンは、どうしても職人的に自らの知識や経験のみを充実させることに注力していたような印象がある。そして、法務部門は、それら職人の集合体がその部門の強さとなっていたかもしれない。

　この姿勢では、法務部門において、他メンバーに自らの知識やスキル、ノウハウを伝えることに関するインセンティブは発生しない。自ら知識を習得し、経験を積んでいくという「背中を見て育て」という形である。

　しかしながら、この**姿勢**こそがナレッジマネジメントを妨げる１つの課題でもある。しかし、**姿勢を変える**というだけでは、組織としてのナレッジマネジメントは進化しない。

　ナレッジ共有化のシステムなどを導入することももちろん大切ではあるが、自ら持つナレッジを共有化して、水平展開することについて**各構成員がインセンティブを持つための仕掛けづくり**もナレッジマネジメントの課題を解決するための重要な要素であるといえよう。

　もう１つの課題は、いわゆる暗黙知と呼ばれるものをどのように形式知化して、蓄積し、さらにそれを共有化していくかというプロセスである[3]。

　暗黙知の形式知化のために、マニュアルの作成やデータベースの充実という手段が取られることも多い。しかし、すべての暗黙知を形式知化することが可能なわけでもないし、後述のとおり、形式知を再度暗黙知に還元し、個々人の中に浸透させるというプ

3　6-2で述べる SECI モデルをどのように回していくかということになる。

ロセスも重要である。なぜなら、知識における一番の強みは、暗黙知化された部分であることも真実であるからである[4]。

さらには、「メラビアンの法則」において、言語情報は、7％にしか過ぎないという研究結果も存在する（残りの38％は聴覚情報で、55％がビジュアル情報である）。つまり、いくら文字で知識を残しても、真に伝わるのはわずかであるということである。

この暗黙知化された知識をどれだけ構成員に効率よくかつ確実に伝えていくことができるのかという点もナレッジマネジメントの重要な課題であろう。

3つ目の課題は、特にデジタル化の進展以降顕著になったものであるが、**情報のクオリティと最新性・正確性の維持**をどのように行っていくのかという課題である。

たとえば、過去の契約書に「瑕疵」や「和議」と記載されていても、担当者は当然それが旧法の文言であることを理解しているだろうし[5]、今のところ、大きな支障はないかもしれない。しかし、社内における議論の結果、過去と運用が変更された事例（過去は可能としていたものを法改正ではなく、社内の運用として不可と変更することもありうるだろう。）、直近において行政当局等からの指摘に基づき、社内的な判断基準を厳格化した場合など、外部の法令集などを確認したとしても、その情報が現在も有効かどうか判断が難しい事例など、過去情報を扱うこと自体が危険性をはらむものも存在しうる。

デジタル化において膨大な情報が容易に蓄積される反面、これ

---

4 野中郁次郎＝竹内弘高著、梅本勝博訳『知的創造企業〔新装版〕』（東洋経済新報社、2020。以下、「『知的創造企業〔新装版〕』という。）123頁。

5 和議については今でも怪しいかもしれないし、30年後には瑕疵は誰も読めなくなっていることだろう。

ら逆に存在すること自体が危険をはらんでいる情報をどのように取り扱っていくのかも課題の1つである[6]。

ナレッジマネジメントにおける「インセンティブ」、「暗黙知の取扱い」、「情報の品質」の3つはまさに組織的な解決が必要であるし重要な課題である。

6-2 本コアに関する事柄はこれまでどのように論じられてきたか

1 ナレッジマネジメントの基本的な枠組み

ナレッジマネジメントを論じるうえで避けては通れない書籍として、『知識創造企業』[7]がある。ここでは、今では当たり前に使われている用語である暗黙知・形式知を分類し、それを存在論レベルでプロットして整理している。

---

6 当然に、過去の社内相談事例の判断が100％現在においても正確で有効かどうかわからないし、契約書の事例でも現在において果たして合理的な契約かどうかわからない場合もありうるだろう。過去の契約を見たときに、「なぜこのような不利な契約を締結しているのか？」と疑問に思ったことがある方も多いであろう。
7 前掲注4書。

6-2 本コアに関する事柄はこれまでどのように論じられてきたか——■ 153

そして、それぞれがどのようなダイナミズムの元に知識変換されていくのかを４つのモードで示している[8]。

① 個人の暗黙知からグループの暗黙知を創造する「共同化」
② 暗黙知から形式知を創造する「表出化」
③ 個別の形式知から体系的な形式知を創造する「連結化」
④ 形式知から暗黙知を創造する「内面化」

のプロセスである。

それぞれのプロセスは、具体的には、

「共同化」は、経験を共有化することによる暗黙知を創造するモデルとされる。OJT やワイガヤと呼ばれるものが示されている。

「表出化」は、暗黙知をメタファー、アナロジー、コンセプト、仮設、モデルなどの形を取りながら次第に形式知に明示的になっていく過程である。

「連結化」は、コンセプトを組み合わせて１つの知識体系を作り出すプロセスとされ、形式知を組み合わせて新たな形式知を作り出すプロセスである。データベースにおける知識の組み合わせにより新たな知識を生み出す過程もこのプロセスとされる。

「内面化」は、形式知を暗黙知ベースに内面化するプロセスとされている。

そして、組織的知識創造を促進する条件として、以下の５つの要件が挙げられている。

① 「意図」

知識スパイラルを動かすのは、「目標への思い」として定義される組織の意図であるとされる。これを実現しようとする努力は、企業経営においては戦略という形をとるとされており、企業法務

---

8 SECI モデルと称される。

においては、まさにこの CORE 8 で議論されている「戦略」に依存することとなる。逆にいうと「戦略」がなければ知識創造（ナレッジマネジメント）ができないということになる。

② 「自律性」

ここでは、組織のメンバーには、個人レベルでの自由な行動を認めるようにすべきとされる。つまり、ナレッジマネジメントといえども、管理するのではなく、自律性によって、個人が新しい知識を創造するために自分を動機づけることが容易になるとされる。つまり知識創造には、自己創出のシステムが必要となってくるのである。

③ 「ゆらぎと創造的なカオス」

第 3 の組織的要件として、組織と外部環境との相互作用を刺激するゆらぎと創造的カオスが示されている。ここで示される重要な点は、この「ゆらぎと創造的なカオス」こそが、暗黙知の明示化を助ける要素であると指摘されている点である。

④ 「冗長性」

ここでいわれる冗長性は、組織全体や活動において情報を意図的に構成員に重複共有させることとされている。この冗長性こそが知的創造プロセスを加速させると指摘されている。ただし、この冗長性の悪影響を防ぐために、情報や知識がどこに蓄積されていたり、存在しているかを明確にすることが求められている。

⑤ 「最小有効多様性」

多様性を増やすには組織のすべての成員が最小のステップを通じて最も早いスピードで可能な限りいろいろな情報を利用できるように保証する必要があるとされている。

では、どのようにすれば、組織的に知識創造を行うことが可能

なのであろうか。この書籍においては、具体的に7つのガイドラインが提示されている。

①知識ビジョンを作れ
②ナレッジクルーを編成せよ
③企業最前線に濃密な相互作用の場を作れ
④新製品開発のプロセスに相乗りせよ
⑤ミドル・アップダウン・マネジメントを採用せよ
⑥ハイパーテキスト型組織に転換せよ
⑦外部世界との知識ネットワークを構築せよ

　すべてについて紹介することはできないが、要は
・「部門のトップがナレッジマネジメントについてのビジョンを策定し、それをメンバー全員に伝える」
・「ナレッジマネジメントのリーダーのための評価制度を導入する」
・「高密度の議論の場を設ける」
・「ミドルマネジャーがチームリーダーとして役割を果たす」
・「階層型組織とタスクフォース組織とのハイパーテキスト型組織に転換する」
・「外部との交流により情報のネットワークを構築する」
という形である。
　つまり、ナレッジマネジメントつまり知識創造は、ナレッジマネジメントシステムという枠組み、入れ物を導入しただけでは当然実現できないものであり、組織的な活動でなければならない

9　この点は、次のとおり一定の皮肉をもって述べられている。「西洋のマネジャーは自分たちの古い知識感を棄却し、（後略）。知識をマニュアルや本や講義を通じて獲得したり教えたりできるという古い考えから抜け

ということが示されている。

② ナレッジマネジメントから知識創造へ

前述の SECI モデルから、環境の変化を受けて、『ワイズカンパニー　知識創造から知識実践への新しいモデル』[10]において、知識創造のモデルが示されている。まず、そこで第1に重要なのは、暗黙知と形式知が別個のものではなく、程度のものであるということが再認識されている点である。

孫引きにはなるが、「**知識はすべて暗黙知か、暗黙知に根差したものかのどちらかである**」（マイケル・ポランニー）のだ。[11]

そして、ここが重要な点であるが、①で示されたモデルに存在論的な次元が加わった新たなモデルが示されている。

①共同化──個人同士が直接的な相互作用により暗黙知を共有する。直接的な相互作用を通じて、組織の各メンバーが環境についての暗黙知を獲得する

②表出化──個人がチームレベルで、共同化によって積み重ねられた暗黙知を弁証法的に統合する。

③連結化──形式知が組織の内外から集められ、組み合わされ、整理され、計算されることで、複合的で体系的な形式知が組織レベルで築かれる。

④内面化──連結化によって増幅した形式知が実行に移される。個人が組織や環境の文脈の中で行動を起こす。

ここで示されているのは、「行動」の重要性であろう。「実際に

───────────────

出さなければならない。」（『知識創造企業〔新装版〕』15頁）。

10　野中郁次郎＝竹内弘高著、黒輪篤嗣訳『ワイズカンパニー──知的創造から知識実践への新しいモデル』（東洋経済新報社、2020。以下、「『ワイズカンパニー』」という。）。

11　『ワイズカンパニー』51頁参照。

6-2　本コアに関する事柄はこれまでどのように論じられてきたか——■　　157

行動することで、最も関連のある実用的な暗黙知が豊かになるとともに、その個人の血肉になる。」[12]。

③　不確実性の時代における知識について

　前述の大きな組織的なナレッジマネジメントの議論に加えて、専門性の高い組織におけるプロセス遵守の文化や組織体から生じる問題点についても語られている。たとえば、『RANGE　知識の「幅」が最強の武器になる』[13]という書籍においては、「慣れ親しんだ『ツール』を捨てる」というテーマとして、スペースシャトルチャレンジャー号の事例が示されている。そこでは、「チャレンジャー号のマネジャーたちは、プロセス順守の過ちを犯した。彼らはいつもと違う課題を前に、いつもと同じ道具にしがみついた。」と表現されている。不確実性の高まる現代において、いつもと同じ道具にしがみつき、失敗を犯すことに警鐘がなされている[14]。

　この点については、『ワイズカンパニー』においても、別の角度から述べられており、「本質をつかむためには2つ以上の根本的に相反することをしなくてはならない。」[15]とされている。他にも専門家のはまりやすい罠として、「ハリネズミの中には、自信満々の予測がひどく外れると、自分の信念を間違った方向に強化する人もいる。その人たちは、自分のそもそもの信念にさらに自身を持ち、やがて道に迷う。（中略）「自分の信念をうまくアップデートできる人は、よい判断ができる」。その人たちは、賭けを

12　『ワイズカンパニー』109頁参照。
13　デイビッド・エプスタイン著、東方雅美訳『RANGE ——知識の「幅」が最後の武器になる』（日経BP、2020。以下、「『RANGE』」という。）。
14　『RANGE』350頁参照。
15　『ワイズカンパニー』248頁。

158 ■——Core 6 ナレッジマネジメント

して負けたら、勝った時に信念を強化するのと同じように、負け
たロジックを受け入れ修正する。[16]」として、ハリネズミにならないように警告がなされている。

ナレッジマネジメントにおいては、これらの点にも留意がなされなければならない。つまり、いわゆる専門家集団と呼ばれる法務パーソンの信念を間違った方向ではなく、アップデートして、更新して切り替えていく方向に向いていかなければならない。

④ 法務部門におけるナレッジマネジメントはどのように語られてきたか

アーカイブ

前述のとおり示された知識創造プロセスと異なり、企業法務部門におけるナレッジマネジメントは、まだまだ、システム化、データベース化を中心として語られてきている。

たとえば、Legal Operations に関する先駆的文献である『Legal Operations の実践』[17]においても、CLOC における定義として「既存の知識を活用し、作業の繰り返しを最小限に抑え、組織全体の知識や能力を利用しやすくすることで、時間を節約し、リスクを減らし、成果を向上させることで、組織が集合知を構造化して増やす一連のプロセスや行動」とされ、その目的は、業務効率化に重点が置かれている。

また、「属人化業務を減らし、チームで働く」ための仕組みづくりの一環としてのナレッジマネジメントが語られたり、契約の一元管理に基づくナレッジの蓄積はなされているが、法務相談についてはさまざまなツールが利用されており、ビジネスチャットツールを用いて、情報を集約する仕組みを検討している旨述べられることもある。さらには、法務パーソンのスキルアップなどの

---

16 『RANGE』318頁。

17 鈴木卓＝門永真紀編著『Legal Operations の実践』（商事法務、2024。以下、「『Legal Operations の実践』」という。）。

目的でノウハウ集や部内イントラネットや案件管理ツールなどを
ナレッジマネジメントの必要性を強く語るものもある。

　そこでは、「企業の法務部にとって、ナレッジは極めて重要な
情報資源であり、生命線である。特に"暗黙知"になっているナ
レッジをいかに形式知化し、個々の担当者のスキル向上につなげ
ることができるかによって、組織力に大きな差が生じる」[18]とさ
れ、前述の SECI モデルにおける「表出化」のプロセスの重要性
と、それがいかに法務部門においてできていなかったことかが示
されている。また、組織力の強化が目的とされ、(4)において後述
される、本コア策定の問題意識が示されている[19]。

　しかしながら、濃淡の差はあれど、契約書やメールやチャット
等のテキストベースのデータベース構築が中心であり、SECI モ
デルにおける最重要とされている形式知から暗黙知への変換の重
要性やその具体的な手法については、強くは述べられていない。
それは、その重要性を認識していないということではなく、法務
部門においては、まずは形式知化されているテキスト情報そのも
のが活用されていないという問題意識からであり、法務部門にお
いて、その知識を使って新たなビジネスや文化、あるいは行動を
加速させていく組織に変革していくのだという強い認識を得るま
でにまだ組織的に到達していなかったのであろう。

　さらには、前掲の『Legal Operations の実践』においても、
「暗黙知は必ずしも形式知化する必要はない」[20]とされているが、
たとえば SECI モデルにおける「暗黙知」を「形式知化」するた
め「表出化」は、暗黙知をメタファー、アナロジー、コンセプ
ト、仮設、モデルなどの形を取りながら次第に形式知に明示的に
なっていく過程とされている。つまり、法務業務を「メタ
ファー」や「アナロジー」、「コンセプト」といった一種の抽象化
作業を放棄してしまっていいのかという課題は残されている。

18　間宮千紘＝馬場恵理「ゼロから創り上げるサントリー流ナレッジマネジ
　　メント」ビジネス法務2023年4月号35頁。
19　さらに重要なことは、このプロセスやシステム化を問題意識の高い構成
　　員が自ら課題を設定して進めていったということである。市販のサービ
　　スを単に導入するだけでは、このような組織力にまで昇華されたモデル
　　は作り上げられない。
20　『Legal Operations の実践』244頁参照。

なぜなら、これらの法務内部から語られるナレッジマネジメントはあくまで法務部門内でのナレッジマネジメントであり、効率化が主眼であるが、本来的に企業法務において議論すべきは、企業全体のナレッジマネジメントであるからである。

　ビジネス部門に対して、法務部門の暗黙知を形式知化して共有していくためには、メタファーやアナロジーが必要ということであれば、次の課題はこの閉じた法務のナレッジをどのように企業組織全体に拡げていくかということであろう。

　とはいうものの、企業法務においては、そもそも法務部門としての組織をどのように運営していくのか、あるいは必要な機能はどのようなものであるのか、まさに本コアで示されている事柄について、組織内での整理は始まっているが、それを動態的に動かしていくというための内部での議論や思考が十分になされていないことも事実である。

　残念ながら、企業法務におけるナレッジマネジメントは、まだまだ情報を蓄積して、検索を容易にして、業務の効率化や、引継ぎの容易性に資するというレベルの段階にも至っていないのが大半であり、これらの事例は企業法務の世界では、十分に好事例となるのであろう。

　しかし、次に述べる法務部門実態調査の結果を見ても、まずはこの基盤整備ですらスタートしていない企業も多いのであるから、上記に述べられているような知識を創造して、付加価値を高めていく必要性がある法務部門においては、本来的には、その次を見据えた行動に移行しなければならないことは確かである。

　今後、過去の類似案件への対応を行っていればよかった法務部門から、新たな課題への対応が必要とされるステージに変化が求

6-2 本コアに関する事柄はこれまでどのように論じられてきたか──■ 161

められている現在では、部門として組織としてどのように知識を活用し、新たに創造していくのかという観点で検討していかなければならない。[21]

この点については、前掲の『ワイズカンパニー』における本質を掴むための手法が非常に参考になる。[22]

◆ 「頭」と「手」を使う。

◆ 「細部への注意」と「全体像」の両方を大事にする。

◆ 「粘り強く」かつ「素早く」動く。

◆ 「普遍」と「個別」の両方を追求する。

◆ 「主観的な直観」と「客観的な知識」を組み合わせる。

◆ 「シンプルさ」と「複雑な状況」の両方に対処する。

◆ 「基本」に忠実であると同時に、「変化に適応」する。

◆ 「ひらめき」と「努力」のどちらもおろそかにしない。

◆ 「知らないことを知っている」ことと「知らないことを知らない」ことの両方の解決策を探る。

◆ 「木」と「森」の両方を見る。

ただ、これは、法務パーソンの意識改革も必要となってくるものであり、[23]戦略とトップの意思が何より重要となってくるものなのである。

Core 6

┌─────────────────────────────────────
│ ☞ **法務部門実態調査**
│ 　実態調査によれば、業務効率化・ノウハウ共有化のための取組

21 「法務リスクの増大と電子化に対応した戦略法務機能の強化と業務効率化」（社団法人企業研究会刊、2000）において各社の取組みが紹介されているが、この書籍名がこの問題意識そのものを示しているといえる。

22 『ワイズカンパニー』248頁。

23 伝統的な法務パーソンがどちらかに偏っていることは往々にして見られる。

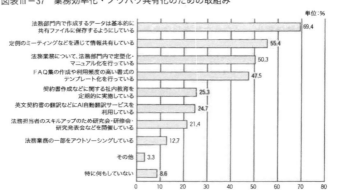

図表Ⅲ-37 業務効率化・ノウハウ共有化のための取組み

みという設問において、によれば、約７割の企業がデータを共有ファイルに保存するようにしているといったり、約２割の企業がスキルアップのための研究会・研修会・研究発表会を開催しているという回答がなされている。

しかしながら、３割の企業はどのように部門で作成するデータを保存しているのであろうか。各自のPCに保管されているということなのであろうか。８割の企業はスキルアップのための研究会を開催していないということなのであろうか。

また、マニュアル化しているという回答も５割程度であるが、逆に、法務業務の定型化・マニュアル化を行っていない企業が５割存在するということになる。

この設問は業務効率化の文脈でなされたものであるものの、業務効率化・ノウハウの共有について施策を特に講じていない企業も１割程度存在する点も注目すべき点かと思われる。

本実態調査は、回答者が企業法務部門の責任者や管理職層が回答していると思われるが、その責任者や管理職層がこのノウハウの共有や効率化への関心が必ずしも高くないということが読み解けるというと言い過ぎであろうか。

実態調査から読み解けることは、企業法務においては、ナレッジマネジメントに対する必要性がまだまだ十分に認知されていな

いという事実である。加えて、本来ナレッジマネジメントや業務効率化の旗を振らなければならないのは、部門の責任者であり、管理職層である。にもかかわらず、まだまだこの分野における関心が必ずしも高くないという不都合な真実ともいえないだろうか。

　今まで述べてきたように、ナレッジマネジメントは、単に情報を集約して、整理して検索することだけではない。ところが、実態調査から見えてくるのは、3割の企業がデータを共有ファイルに保存していないという実態である。

　まずは、企業法務が組織であり、かつ知識と知恵を生かして、企業価値貢献に向上すべき組織であるという認識のもと、情報をどのように取り扱っていくのかということは、組織課題であるはずである。また、少なくとも、効率化と組織力の強化はどのような組織においても、企業においては、必須課題である。ナレッジマネジメントについてもその重要なパーツであることを再認識すべきであろう。

6-3 ｜ 本コアとは

　ナレッジマネジメントとは、さまざまな定義がなされている概念ではあるが、本コアにおいては、「**情報、知識、ノウハウや経験、スキル等のあらゆる知的資産の蓄積・共有・活用**」と定義している。

　企業法務において、たとえば、過去の契約書の事例や法的解釈や判断の事例などの情報や、社内の業務遂行上のノウハウなどの知的資産は極めて重要である。しかしながら、組織的な対応をしない限り、日常業務を通じて当該担当者個人にのみに蓄積するにとどまってしまう。

　企業法務を個人の職人芸から脱却させ、組織としてより強固かつ持続可能なものにするために、法務部門のみならず、当該企業体にとっても重要な資産であるナレッジをいかに組織単位で共有

164　■──Core 6　ナレッジマネジメント

Core6 ナレッジマネジメント	情報、知識、ノウハウや経験、スキル等の 知的資産の蓄積・共有・活用	
レベル 1	**レベル 2**	**レベル 3**
情報が蓄積されて いる段階	必要な情報が集約され、 体系的に整理されている段階	ナレッジとして 活用されている段階
□過去の契約書や相談事項を記録として保管している □業務に関連する最新の法制度等の情報を定期的に収集している	□情報を特定の場所に集約している □蓄積された情報を体系的に整理している（例：法分野別、相談部署別、事業別等）	□情報を蓄積・共有化するための基盤・ツール等が整備され、情報が抜け漏れなく集約されている □情報の蓄積・共有が、日常の業務フローに組み込まれている □定期的に情報が更新され、陳腐化・劣化が生じていない □必要な情報が多角的視点で検索可能な状態になっている／コメントを追加するなど、さらに知見が集まる仕組となっている □知見・経験、ノウハウやスキル等の暗黙知についても可視化・共有化が図られている
<蓄積する情報の例> ・契約書のデータ（ドラフト、締結版） ・法的検討メモ（弁護士意見書、メモランダム、社内メモ） ・論点整理表 ・メール ・セミナー資料	<情報集約・整理方法の例> ・共有フォルダ ・案件管理システム/案件データベース ・ポータルサイト ・主要な契約雛型やPlaybook ・Clause Library ・マニュアル ・外部弁護士事務所への情報集約	<施策の例> ・CLM（contract lifecycle management）システム ・ナレッジマネジメントの担当者設置 ・検索システム ・ケーススタディ・実践型教育プログラム ・学習用動画コンテンツ ・定期的な事例共有会

化し活用していくかが経営の側面からも非常に重要である。

　企業の競争力を向上させるためのナレッジマネジメントに即したプロセス指標の作成を試みたのがこのコアである。

1　レベル 1

　レベル 1 は、情報を収集し、組織として蓄積する段階である。法務部門において、過去の案件の情報が残っていない（探せない

ということは残っていないことと同義である。）あるいは残っていても不十分な状態でしか残っていない（最終締結版かどうか不明な契約書ファイルしか残されていない。）といった事態は散見されないだろうか。

　さらには、社内に存在はしているはずの締結済みの契約書をすぐに探せない、あるいは見つかったとしてもわずかにコピーのみが残されていたという経験は、多くの法務パーソンの共通体験であろう。

　こうした事態が生じた場合、その組織が遂行している業務の水準はどのようなものであろうか。過去法務部門が承認した相手先との契約が、同一内容の契約の更新版の審査において、法務担当者の変更という自社理由においてのみ、多数の修正が入ることが、現場からの信頼をどれだけ失うことか。

　あるいは新任担当者への引継ぎが何らのデータもなく、前任担当者の記憶と経験においてあたかも口頭秘伝であるかのように伝えられることがどれだけ非効率かつ不正確か想像してもらいたい。

　そして、その信頼の失墜と非効率性がどれだけ企業のリスクを増加させる要因となっているかについても思いをめぐらせてもらいたい（リスクをマネジメントするはずの法務部門がリスクを増加させるというのは、ブラックユーモアとしても質が悪い。）。

　さらには、時間と費用をかけて検討した法的見解などの貴重な情報が集積されない状態であれば、まったくの無駄になってしまう。

　これでは、組織として会社に損害を与えてしまっているといっても過言ではない。したがって、まずは組織として情報を蓄積することが第一歩となる。

　ここで重要なことは、「組織として」の活動を行う点である。

個人の力から組織の力に変化させていくきっかけとして、組織として情報を蓄積するということからスタートしていくことが必要である。

② レベル２

レベル２は、必要な情報を集約して体系的に整理する段階である。情報を蓄積したのでどこかにあるはずだが、どこにあるかわからない、探すのに時間がかかるという状況では、情報が蓄積されていないのと同じ状況ともいえよう。

情報を蓄積する行程が組織的に行えるようになったら、次のステップとしては、特定の場所（物理的な場所に限らずデータベースなども含むが、重要なことは、法務担当者が必要に応じてアクセスできるという点である。）に情報を集約し、直接当該案件を担当していなかった担当者にとっても、検索しやすいように情報を体系的に整理することが必要になる。

整理の方法はさまざまありえよう。法務担当者がアクセスできるような共有フォルダなどを作成したり、重要案件などについては、個別案件ごとにファイルを作成するといった方法も特別なシステム導入を行わなくても実行可能な手段であろう。

さらには、案件管理システム（これも自社内で構築したり、SAAS で提供されているシステムを導入するといった種々手段は提供されている。）のようにシステム化する方法など、各社の組織課題や案件数、法務担当者の人数などに応じて、さまざまに検討することができる。分類体系についても、法分野別（たとえば、会社法や消費者関連法、知的財産法といった分類など）、依頼部署別といった区分で分類する方法も有効である。しかしながら、検索ツールによる検索を考えると、複数の観点からの検索を可能にす

るため、検索キーワードの設定やタグ付けなどの方法も考えられる。

しかし、ここで留意しなければならない点は、この活動を組織として行うという点である。組織で行うということは、この情報の整理や区分などの活動が、契約書のレビューなどの業務と同等あるいはそれ以上の価値が組織としてあるということをしっかりと認識して活動することである。

レベル１の情報を蓄積するというステージと比較して、レベル２の検索を容易にするための整理を行うというステージは、整理という業務がまさに他の法務担当者つまり、組織としての活動そのものとなってきている。

法務担当者自らのためでなく、組織のために活動を行うということの重要性をどれだけ法務部門内でしっかりと共通認識化させることができるか、さまざまな方策を検討すべきであろう。6-1④で述べたように〔p.150〕、インセンティブは重要である。

一番のインセンティブは、この組織的なナレッジマネジメント活動が人事的評価に直結するという位置づけに置くことである。付随的なボランティア的業務であれば、いずれファイルは散逸し、整理はなされず、「その他」といった区分されないファイルに多数の情報が押し込まれることになるのがおちである。

たとえば、営業部門であっても優秀な売上を上げた者を表彰するだけでなく、成功事例を積極的にシェアして水平展開につなげ、組織的な活動につなげたものを表彰するといった複線型のマネジメントを行っている企業も多いと聞く。

法務部門においても、契約書のレビュー本数を数えるだけでなく、ナレッジマネジメントなどの組織に対する貢献についても同等あるいはそれ以上の人事考課を行うような体系を作り出すべき

であろう。

③ レベル３

　レベル３は、蓄積され整理された情報が、組織資産としてのナレッジとして積極的に活用されている段階である。まさに ROA や ROE が向上しているという段階と言ってもいいであろう。

　法務部門がある程度の組織となれば、必要な情報を蓄積して、手法や手段に違いはあるとしても、ある程度体系的に整理されていると思われる（ただし、経営法友会の実態調査を見る限りその点も怪しいのであるが）。しかしながら、**分類し整理されたものを積極的に活用すること**ができているかは別である。たくさんの本を保有し体系的に分類された図書館であっても誰も使わなければ無用の長物であることと同じである。

　つまり、企業法務におけるナレッジマネジメントは、知識や情報を組織的な「武器」として戦っていくべき法務部門において、その武器であるナレッジは、貯めることが目的ではなく、活用することが目的になる。したがって、レベル３を**ナレッジが活用されている段階**と定義したのである。

　ここで、積極的に組織としての資産としてナレッジを活用するには、①情報自体の正確性や鮮度と網羅性と②検索の容易性が重要であるといえよう（特に前者は、**6-1④**で述べたとおり〔p.151〕、ナレッジマネジメントにおける課題の１つである。）。この２つのナレッジ活用の基盤といえるものを継続的に担保することが必要である。たとえば、この活動を行うために、ナレッジマネジメント専任者を置いたりするといった人的リソースの活用もある意味有効である。

　また、最近さまざまなサービスが提供されているリーガルテッ

クの一分野である、CLM（Contract Lifecycle Management）システムのようなシステムの導入も有用であろう。

　こういったテクノロジーの活用は、ナレッジマネジメントの課題の1つであるインセンティブ問題の解決の手段にもなりうる。つまり、すべての案件がそのシステムを使わないと進まないようになれば、「自動的に」ナレッジの蓄積と共有化は実現できるためである。

　しかしながら、契約書や法律意見書、議事録のような言語化できる情報だけではなく、ノウハウや経験値のような言語化が難しい、いわゆる暗黙知についても、共有化・承継の対応をどのように組織的に取り組むかも重要である。

　特に、AIなどの進化によって、回答がわかっていることについては、人間ではなくAIのようなテクノロジーを活用したほうが、本書のレベル1で示した企業法務の組織的品質の担保や均一性につながるともいえる。

　つまり、これからは、回答や前例がないことに対する解決策を導き出すことこそが、企業法務に求められていることであり、それを組織的に対応するために必要なのは、暗黙知と呼ばれる知識・ノウハウである。

　これらの暗黙知の共有化、組織化、継承については、**無理やり言語化してシステムに保存するような方法はかえって有効ではない**であろう。

　部門内におけるケーススタディなどの教育プログラムの策定や、随時実施される事例共有会など、人と人との直接的なコミュニケーションによる方法が何よりも適切である。

　これらは対面で実施すべきであろう。テクノロジーの進展により情報が蓄積、検索される時代であるからこそ、競争力の確保の

ためには、**対面で生まれる「ノイズ」こそが伝えるべきこと**であるからである。そして、この「場」こそが新しい知恵を生み出すのである。蓄積された過去のナレッジからは過去しか生まれないが、「場」における共創において、新しい「知恵」が生み出されるのである。やはり暗黙知は暗黙知のままで置いておいてはならないのである。法務部門だけでなく、**現場と共創する「場」を作ることそのものがナレッジマネジメントである**のだ。

　このように、ナレッジの内容や対象によって適切な蓄積・整理・活用方法をとることが重要である。繰り返しになるが、何より重要なのは、組織としての知的資本の蓄積とその活用であるということを、組織として実行に移すことである。

　ナレッジマネジメントは、リーガルテックなどのテクノロジーの普及とともに、近時、改めて注目を浴びているともいえる。確かに一見テクノロジーがなじみやすい分野に見えるが、各社の組織によって管理体制やナレッジの内容はそれぞれ異なっており、テクノロジーをただ導入するだけで解決するものでは決してない。本質と目的を検討せずにテクノロジーを導入することは、かえって害ですらある。「コンピュータは知識創造のツールにしか過ぎず、**知を創造することができるのは人間だけだ**」[24]

　テクノロジーの導入に走る前に、まずは、どういうナレッジをどのように活用していくかを組織内でしっかりと整理することが重要である。その際には、複数の法務担当者をプロジェクト担当者としてアサインし、課題設定からプロセス全体に関与することが有効であろう。そのうえで、どのようなテクノロジーを活用できるかを検討するといった過程をとることこそが、より効果の高

---

24 『知識創造企業〔新装版〕』432頁。

いナレッジマネジメントにつながると考える。なぜなら、個人から組織力を高めるためには、**個々人にその重要性を腹落ちさせることが必須**であるからである。そしてそこで何より必要なのは、「思い」「ビジョン」である。推進するトップに強い「思い」がない限り実現はできないといえよう。

ナレッジマネジメントは、その重要性は認識されていると思われるが、いざ実行となると、苦戦している法務部門・部員が多いと思われる。しかしながら、ナレッジマネジメントこそが、法務部門の組織力の向上を加速させ、メンバーのスキル向上にもつながり、新たな課題の解決につながる「知恵」を産み出すのである。

心理的安全性の担保がイノベーションを促進したり、生産性の向上につながるといわれて久しいが、この**心理的安全性を担保するベース**として、ナレッジマネジメントが必要であると言われている。

さらには、人的資本を重視した経営注目され、有価証券報告書などの非財務情報の開示において、当該項目の開示が求められる中で、このような**ナレッジマネジメント**も当然企業価値の向上につながる話であるわけであるから、**積極的に開示していくという方向性もある**のではないだろうか。

企業法務のみならず、企業の価値実現につながるナレッジマネジメントは重要であり、このコア8の指標がその羅針盤となれば幸いである。

6-4 格言をひもとく

・「個人の暗黙知が、組織的知識創造の基盤なのだ。」[25]

・「『バーチャル会議』などで遠距離間の人間同士が暗黙知を共有する可能性が高まっているが、所詮それは人間同士の同じ時間・場所での直接的な相互作用を代替することにはならないだろう。たとえどんなにその情報処理能力が優れていても、人間不在の情報システムが吐き出すものは、データや情報とは呼べても知識とは言えない。なぜなら、知識の背後には常に人間の『思い』がなければならないからである。」[26]

・「従来のようなハウツーを教室で教えるだけの経営学修士（MBA）教育では育成できないことは分かってきた。リベラルアーツ（教養）や現場経験の積み重ねによって暗黙知を豊かにし、物事の幅広い関係性を見抜き、自ら新たな関係性を築く力をつける必要がある。イノベーションは知識創造のプロセスにほかならない。究極の卓越性を求めて、知識創造のスパイラルを回し続けられるリーダーを育てることが必要だ」[27]

・「さあ本を閉じて、行動を起こそう。真の知恵は行動によって示されることを忘れてはならない。」[28]

・「組織が情報処理機械ではなく、1つの有機的生命体として見えてくるのである。そのような組織観からすれば、会社は何のためにあるのか、どこをめざしているのか、どんな世界に住みたいのか、どうすればその世界は実現できるのか、といったこ

25　『知識創造企業〔新装版〕』123頁。
26　『知識創造企業〔新装版〕』432頁。
27　野中郁次郎（一橋大学名誉教授）「意識的に『カオス』を」日本経済新聞2014年1月12日。
28　『ワイズカンパニー』462頁。

とを社員全員が理解していることのほうが、客観的な情報を処理することよりはるかに重要なのである。」[29]

・「本質を見抜くためには、個別のことの中から普遍的な『真理』をつかみ取ることが求められる。普遍と個別をつなぐためには、主観的・直観的な考えを概念化して、みんなにわかる言葉にするとともに、意欲を掻き立てる野望やビジョンとしてそれを表現する能力が必要になる。」[30]

6-5 │ 参考文献

・鈴木卓＝門永真紀編著『Legal Operations の実践』（商事法務、2024）
・野中郁次郎＝竹内弘高著、梅本勝博訳『知的創造企業〔新装版〕』（東洋経済新報社、2020）
・野中郁次郎＝竹内弘高著、黒輪篤嗣訳『ワイズカンパニー――知的創造から知識実践への新しいモデル』（東洋経済新報社、2020）
・デイビッド・エプスタイン著、東方雅美訳『RANGE ――知識の「幅」が最後の武器になる』（日経 BP、2020）

---

29 『知識創造企業〔新装版〕』11頁。
30 『ワイズカンパニー』339頁。

Core 7

外部リソースの活用

齋藤国雄

7-1 | 問題の所在

① 一般的な実務の様子

(1) 外部リソースの種類

　法務部門においてどのように外部リソースを活用するかは、そもそも法務部門がどのような機能を担うのかによって大きく異なるが、契約書の作成・レビューや紛争対応などの伝統的方法務業務を担う企業の法務部門にとって、外部リソースといえば**外部弁護士事務所**を指す。この場合、外部リソースの獲得の主たる目的は専門性や客観性の取得であるが、内部のリソースの不足の埋め合わせとして外部弁護士に案件を依頼し、または出向で人材を受け入れることもある。

　これをさらに進めて、**法務の業務プロセスの一部を外部に委託する取組み**が模索されることもある。このようなアウトソースの手法を、**BPO**（ビジネスプロセスアウトソーシング）という[1]。日本国内でも、法務 BPO サービスを提供すると謳う法律事務所が現れてきている。BPO では、コスト面の優位性から国外に拠点を

有する BPO プロバイダーを活用する（オフショア）ことが一般的であるが、法務の世界でも同様で、米国企業では、2000 年ごろから海外の法律事務所などに業務を外部委託するリーガル・プロセス・アウトソーシング（Legal Process Outsourcing：LPO）サービスや、既存の法律事務所ではない代替法律サービスプロバイダー（Alternative Legal Service Provider：ALSP）を利用する動きがみられている[3]。しかし、日本企業においては言語の障壁があるため、国外から日本向けの法務 BPO サービスの提供を受けている例は聞かない。

　BPO とは別に、業務プロセスの効率化のために外部リソースを活用する場面もあり、その代表がリーガルテック（legaltech）と呼ばれるテクノロジー関連サービスの導入である。リーガルテックとは、「法律（legal）」と「テクノロジー（technology）」をかけ合わせた造語で、法律関係のさまざまな業務を効率化させるために用いられるソフトウェアおよびテクノロジーを指す[4]。日本においてもコロナ渦においてその導入が加速化し、日本経済新聞が2022年10月に実施した調査によると、国内主要企業217社のうちの 8 割以上が電子契約や AI 契約書レビューのようなリーガ

1　ダグラス・ブラウン＝スコット・ウィルソン著、尚健＝此本臣吾監訳『戦略的 BPO 入門』（東洋経済新報社、2009）32頁。
2　弁護士法72条が、非弁護士の法律事務の取扱い等の禁止を定めているが、法律事務所が BPO プロバイダーとなっている場合にはこの点は問題とならない。他方で、法務の業務プロセスには「法律事務」に含まれないものも含まれうるため、弁護士以外が BPO プロバイダーとなる余地がまったくないとまではいえないと思われる。後述。
3　JETRO「ニューヨークだより2020年10月 アメリカにおけるリーガルテックの現状」https://www.jetro.go.jp/ext_images/_Reports/02/2020/ 5 f150094a7d7be36/NYdayori_202010_WebNyuko.pdf
4　JETRO・前掲注 3 。

ルテックの導入を積極的に検討していたという[5]。また、株式会社 LegalOn Technologies が2022年6月に実施した調査によると、300〜500名未満の企業規模では50.0％、500名以上の企業規模では3割以上が契約関連の業務においてリーガルテックを導入していると回答している[6]。また、2022年11月に ChatGPT がリリースされて以降、AI と法務部門の協働が積極的に模索されている状況にある。

　さらに、近年、法務の周辺領域が拡大しており、たとえば経済安全保障、サステナビリティ、広報対応、パブリックアフェアーズ、サプライチェーンマネジメント、全社リスクマネジメントなどに法務部門が関与し、外部専門家を活用する場面が生じている。この場合、獲得すべきリソースは弁護士とは限らないため、**コンサルタント等の専門家**を適切に選定する必要が生じる。

⑵　外部リソースの選定・評価

　獲得すべき外部リソースの種類や目的によって、外部専門家・ベンダーの選定・評価基準は異なるべきであるが、企業によっては、いわゆる顧問弁護士以外の選択肢を知らず、その顧問弁護士も創業以来の関係というような理由で選定されており、評価ができていないケースもある。また、国内弁護士事務所の選定はある程度できるが、海外弁護士事務所の選定の仕方がわからず、海外事務所の選定は専ら国内法律事務所経由という企業や、弁護士以外の専門家との接点がなく、選定の経験がないという企業もあるだろう。

---

[5]　児玉小百合＝相模真記＝宮川克也「リーガルテック導入8割超 AI レビュー、満足度に温度差」日本経済新聞電子版 https://www.nikkei.com/article/DGXZQOUC2425L0U3A120C2000000/

[6]　「企業法務の実態調査（2022年6月実施）」22頁（https://legalontech.jp/wp-content/uploads/2022/07/legalissues.pdf）。

(3) 内製と外部リソース

　企業が設立されて事業活動を始めて間もない時点においては、通常法務部門は存在せず、社外の弁護士事務所が契約書チェック・法務相談・トラブル対応・訴訟対応などを行う。しかし、事業活動の拡大とともに、かかる法務案件をすべて外部に依頼するにはコストがかかりすぎるから、法務部門を設立する機運が生まれる[7]。企業規模の拡大に伴い、法務部門の規模の拡大は期待できるものの、多くの企業において内部リソースを潤沢に備えることは難しく、何より専門性・客観性ある意見を取得するニーズは通常内部リソースによって満たすことができないから、半ば必然的に外部弁護士への依頼が発生する。したがって、法務部門において完全な内製化は考えにくい。

　それでは、外部のベンダー（典型的には法律事務所）に法務機能を全部アウトソースすることは考えられるか。この点、ベンダーを管理する機能は内部にしか置きえないから、業務プロセスを100％アウトソーシングすることは考えられない[8]。実際、外部弁護士は会社の取引の実態や社内の意思決定プロセスなどに明るいわけではないので、どのような内容のイシューを、どの弁護士に、いつ、どのように相談するかを峻別するにあたっては、社内事情を熟知している自社の法務部門による判断が不可欠である[9]。また、ベンダーは複数のBPOサービス提供先を有することが通

7　中村豊＝淵邊善彦『強い企業法務部門のつくり方』（商事法務、2020）28頁。

8　ブラウン＝ウィルソン・前掲注１書95頁は、「フルアウトソーシングとは対象の業務機能の80％以上を包括的に移管することを意味する」とする。「フル」と言っても100％を意味するわけではない。

9　茅野みつる「グローバル時代の企業内法務部における役割と課題」（商事法務2025号（2014）26頁以下参照。

常であるから、自社が最優先されるとは限らず、緊急突発的な案件に対応できないおそれもある。

したがって、業務の全部内製化も、全部のアウトソーシングも、共に現実的な選択肢ではなく、内製・アウトソーシングをいかに使い分けるかがポイントになる。

(4) 外部リソースとの関係性

外部弁護士に依頼するにあたり、日本では多くの企業が外部弁護士または外部弁護士事務所との間で顧問契約を締結しており、実態調査によると、調査回答者のうち顧問契約を締結していない会社の割合はわずか5.1%に過ぎない。[10] 顧問弁護士または弁護士事務所との間では、多くの場合、毎月定額の顧問料を支払うことと引き換えに、定められた総時間数に満つるまで法的助言を受けることができるというような取り決めを交わす。顧問先は複数持つことが多く、実態調査によると回答者が顧問契約をしている弁護士・法律事務所の数の平均は3.6である。[11] また、顧問契約の期間は長期にわたることが多い。[12]

このように、多くの会社が顧問弁護士に案件を相談するのは、顧問弁護士が自社の事情に精通しており、依頼の前提として自社のビジネススキームや過去の経緯について説明する手間を省くことができる点にメリットがあるからと考えられる。[13] また、同一

---

10 実態調査263頁。また、株式会社 LegalOn Technologies が2021年7月に実施した調査においても、回答者の所属企業の約9割が顧問契約を締結している。(「調査レポート 顧問弁護士活用の実態とニーズ」https://legalforce-cloud.com/download/13、以下「調査レポート」という。)

11 実態調査262頁以下。

12 調査レポートによると、回答者の過半数が、顧問弁護士との契約期間は5年以上の長期であると回答しており、また契約金は10年以上とする回答が最多を占めた。

13 調査レポートによると、顧問弁護士との顧問契約の決め手として最も多

の顧問弁護士に依頼し続けることで、社内のオペレーションの一貫性を保つこともできる。

他方で、多くの企業においては顧問弁護士にだけ案件を依頼するのではなく、案件の種類に応じて、顧問以外の外部弁護士にも案件を依頼する。実態調査によると、回答者の約半数は調査時点から過去5年間において新たに日本の社外弁護士を起用しており、その理由として最も多く挙げられたのは、「特定分野の専門家が必要となったため」であった。顧問弁護士に対してはジェネラルに幅広い案件を相談したい、または自社が頻繁に直面する法律分野に関する相談をしたいと考えている会社が多いと思われ、自社がこれまで直面したことがなかった法的課題や、M&A・訴訟などワンショットの案件については顧問以外の弁護士に案件を依頼するケースも多分にあると考えられる[14]。

また、日本国外の案件については、国外弁護士に案件を依頼することがある。依頼に際して、自社から直接国外弁護士にコンタクトして相談をする方法と、日本国内の社外弁護士を通じて行う方法がありうるが、実態調査によると、原則として直接相談を行う会社が大半を占める[15]。2つの方法には一長一短があり、自社が直接国外弁護士に相談を行う場合には、相対的にコストを管理

く挙げられたのは「相談したい分野について弁護士の法的知見が豊富であるため」であるが、他に「自社に寄り添った丁寧な対応をしてくれるため」「自社の業界やビジネスモデルに関する経験・知見が深いため」が上位の理由として挙げられており、顧問弁護士の選定において、自社に寄り添った対応してくれることが重視されていることがわかる。

14 実態調査276頁以下によると、特定分野の専門家が必要となった具体的案件としては「M&A、組織再編」が最も多く、次いで「訴訟対応」「労働法関係」と続いている。

15 回答全体の64.2%が「原則として、直接行う」としている。資本金1,000億円以上の会社や大規模法務（31名以上）においては、より割合が高く、約8割の会社が「原則として、直接行う」と回答している。

しやすく、弁護士とのラリーに要する時間も削減できる一方で、自社において適切に論点を整理し、必要な情報を伝達する必要があり、コミュニケーションに失敗するとかえってコストがかかってしまうことがある。国内の社外弁護士を通じて相談依頼する場合には、間に入る国内の社外弁護士に対する中間コストが発生することになるうえ、国外弁護士の稼働を直接的にコントロールできないから、一般的にコストが多額になる傾向にあるが、国内弁護士が適切に論点を整理してくれるような場合には、国外弁護士の稼働を減らすことが可能になることもある。また、1つの案件に関して複数の国の法律を同時調査する場合などは、自社の法務部員が直接各国の法律事務所を探し、かつコミュニケーションを取ることに多大なリソースが発生することから、国内弁護士を通じて一斉に各国弁護士にコンタクトしてもらうことにより、回答を受領するまでの時間を短縮することが期待できるほか、各国の回答を踏まえて論点整理をする際にも国内弁護士の知見を借りることができるため、国内弁護士を通じて相談することにメリットがある。

② 実務上のやるせなさ

会社が法律問題に直面して外部弁護士に相談を依頼したり、代理を依頼したりすることは日常的な風景である。しかし、法律問題は予期せぬタイミングで発生することも多く、限られた時間で相談先を選定しなければならないことから、一歩間違えると外部弁護士の選定は「その場しのぎ」的な選択の集積となりかねない。したがって、平時からその選定・評価についての考え方を持っておくべきであるが、企業によっては、どの弁護士を使うかに関して経営陣の指示があり、法務部門としては決定権を持てないとい

うケースもある[16]。経営陣がその弁護士を指名することには相当な理由がある場合もあり、必ずしも指示があることが悪とまでは言い切れないが、法務部門は与えられた選択の中で自らに課せられた責任を全うするための方策を考えなければならない。

　また、法務部門も、他の間接部門と同様に、その業務プロセスの効率化・最適化を模索する必要があり、その選択肢の１つとして、業務プロセスの一部を外部に委託したり、リーガルテックなどのITソリューションを導入したりすることが検討されるべきであるが、そのためには、法務の主管すべき業務が明確で、プロセスが可視化・標準化されていて、その業務について法務部門に決定権があり、かつそのうちの何を内製化するかの考え方が明確になっている必要がある。したがって、順序としては、まず業務フローを標準化し[17]、標準化が不十分な場合にはこれを改善しておくべきである[18]。

　なお、業務プロセスの一部を外部に委託しようとする場合、当該業務が、弁護士法72条が禁止する、非弁護士の法律事務の取扱い等に該当しないように設計する必要がある。

　この点に関連して、法務省は、2023年８月１日、同省ウェブサイトにおいて、「AI等を用いた契約書等関連業務支援サービスの提供と弁護士法第72条との関係について」（以下「法務省ガイドライン」）を公表した。法務省ガイドラインは、弁護士法第72条の「報酬を得る目的」「訴訟条事件……その他の一般の法律事件」「鑑定……その他の法律事務」にいう「鑑定」について、そ

16　実態調査266頁によると、弁護士・法律事務所を顧問とした理由として３番目に多い理由は「経営陣の指示」であり、当該回答が占める割合は30.8％である。

17　本書の128頁を参照（レベル２）。

18　ブラウン＝ウィルソン・前掲注１書69頁。

れぞれどのような場合に各要件に該当するかに関する考え方を整理したものである。法務省ガイドラインでは、「鑑定……その他の法律事務」に違反しないと考えられる事例が挙げられているが、同月時点において国内のリーガルテックサービスプロバイダーが提供する契約作成・契約レビューサービスの主な機能はここに含まれていると評価されている[19]。このように、リーガルテックについては弁護士法72条に関する議論に動きがある一方で、企業法務活動に関して、日本ではこれまで業務プロセスを分解して個別にその該否を判定するところまで議論が及んでいないと思われる。

　7-1①(1)で述べたように〔p.175〕、米国では企業がALSPを活用する動きがあるが、一橋大学大学院法学研究科教授の小林一郎教授は、米国におけるALSP事業者のサービス提供の本質は、クライアントが持ち掛けてきた依頼業務を分割（unbundling）する点にあると指摘し[20]、このような分割作業の実態を観察することを通じて、弁護士が本来独占的に行うべき業務がどこで線引きさ

19　渡部友一郎＝春日舞「＜速報・有識者解説＞法務省『AI等を用いた契約書等関連業務支援サービスの提供と弁護士法第72条との関係について』（リーガルテックガイドライン）──組織内弁護士が役員・上司・同僚に質問されたら即答したい３つのポイント」（https://jila.jp/2023/08/3492/）。

20　小林一郎「米国における法律業界の構造改革とリーガルテック・法務ＤＸ（上）統合型リーガルサービスへの希求とわが国企業法務への示唆」NBL1234号（2023）60頁。小林教授は、Richard Susskindが、取引に関する業務を①デューデリジェンス（due diligence）、②法律調査（legal research）、③取引管理（transaction selection）、④契約雛形の選定（template selection）、⑤交渉（negotiation）、⑥個別ドラフティング（bespoke drafting）、⑦文書管理（document management）、⑧法的助言（legal advice）、⑨取引リスク管理（risk assessment）に分解していることを例として挙げている。Richard Susskind, Tomorrow's Lawyer-An introduction to Your future (2d ed.,2017) at 32-33.

れているかについての示唆が得られるとしている。[21] 日本においても、弁護士法の解釈に関する議論が進むことによって、法律事務所以外の BPO プロバイダーの選択肢が出現する可能性がある。[22]

③ なぜ本コアは語られるべきか

法務部門が外部弁護士事務所をはじめとする外部リソースを獲得することが、事業運営上不可欠であることに照らすと、外部弁護士をどのように活用するかを判断することは法務部門の本質的な役割の 1 つであると考えられる。[23]

とりわけ近年、日本国内の企業においては社内弁護士の採用が顕著に進んでおり、2023年 6 月時点における社内弁護士の数は3,184名、弁護士全体の7.1％を企業内弁護士が占める。[24] 20年前の2003年 3 月時点において企業内弁護士の数が90名に満たなかったことからすると隔世の感があり、また10年前の2013年 6 月時点の企業内弁護士数（953名）と比べても 3 倍以上の数に達している。

このように、社内弁護士の採用が拡大する中で、どのような案

---

21 小林一郎「米国における法律業界の構造改革とリーガルテック・法務DX（下）──統合型リーガルサービスへの希求とわが国企業法務への示唆」NBL1244号（2023）60頁。

22 なお、筆者は本稿で弁護士法72条の射程の拡大または縮小を主張したいわけではない。

23 中村＝淵邊・前掲注 7 書146頁は、「法務部門が提供する「経営ソリューション」の質を上げるために、社外の法律事務所巣からの意見書取得などを有効活用することは大切ですが、社外の弁護士意見への依存度を過度に高めてしまうことは、法務部門というインハウスのサービスに対する信頼性を落とす危険性もあることに注意すべき」と指摘する。

24 日本組織内弁護士協会調べによる「企業内弁護士数の推移」（https://jila.jp/material/statistics/）。

件について社内で案件処理を完結させ、どのような案件について外部法律事務所に相談を依頼するかを適切に判断することは法務部門における古くて新しい課題となる。また、外部弁護士を起用するケースにおいても、外部弁護士を適切に選定し、その稼働を管理し、成果を評価することが求められる。

ところで、米国において、CLOC（The Corporate Legal Operations Consortium）が定めるリーガルオペレーションズの「CORE 12」では、"Firm & Vendor Management"という項目がCoreの1つとして挙げられている。米国においては、弁護士費用が日本と比較して相当に高額であり、Thomson Reuters Instituteの調査による[25]と、調査対象企業のうち44％が社外弁護士に対する年間の支出額が1,000万ドルを上回ったと報告している。これに対して、実態調査では、日本国内の社外弁護士に対する弁護士費用が3億円超である会社は回答企業のうちわずか2.6％[26]、日本国外の弁護士に対する弁護士費用が3億円超である会社は回答企業のうち7.6％[27]である。会社規模による比較をしていないので、この数字のみをもって一概にいうことはできないものの、日本において年間1,000万ドルを社外弁護士に支払う企業が多数あるとは考えにくい状況であり、米国と日本における社外弁護士費用の管理に関する優先順位はおのずから変わってくる。

すなわち、日本においては、（コスト管理の観点はもちろん捨象することはできないものの、）外部リソースを活用して、自社の法務部門のポテンシャルをいかに最大限発揮することができるか、

---

25 Thomson Reuters Institute「2022年「法務部門オペレーション（LDO）不確実性の中での安定」（https://www.thomsonreuters.co.jp/ja/legal/legal-resource/2022-legal-department-operations-index.html）11頁。
26 実態調査311頁。
27 実態調査313頁。

外部リソースとの間で適切なパートナーシップをどのように構築するべきか、という点に焦点があてられるべきである。

　また、リーガルテックの導入に際しては、テックの導入が目的化しないよう、何のために導入するのか、その目的を明確にする必要がある。[28] 法務部門において解決すべき課題を最も熟知しているのは法務部門であるし、そうでなければならないから、課題解決のためにいかにリーガルテックベンダーを使うのか、あるいは、あえて使わないのかは法務部門において適切に選択されなければならない。また、一度導入した後のモニタリングも不可欠である。さらに、ChatGPTの登場以降、法務部門がAIとどのように協働するかは大きな課題設定であるが、ChatGPTをはじめとする生成AIも外部ベンダーが提供サービスの一種であること、また生成AIは外部弁護士への相談を一部代替する可能性があることから、外部リソースの活用の切り口で検討することができる。

 アーカイブ
　古くは1980年代初頭に小島武司「社外弁護士と法務部の関係」[29] が、法務部門のスタッフがおおよそ法曹資格を有しないことを前提として、外部の弁護士を活用する場面として訴訟追行、地方で発生した法律問題、発生頻度のきわめて低い特殊な専門事件、多数の法律問題が一時に集中発生した場合、難解なあるいは価値判断いかんで微妙に分かれる法律問題が発生した場合を挙げている。また、法律問題の決裁は会社の経営に大きな影響を及ぼしかねないのであるから、弁護士選定の当否は法務部門としても「相当の覚悟」を持って臨むべきであると説く。

28　鈴木卓＝門永真紀編著『Legal Operationsの実践』（商事法務、2024）24〜25頁。
29　NBL231号（1981）42頁以下。

同じく1980年代において、水澤槇[30]「法務部門の運営とリーガルコストの発想」[31]は、日本においては、訴訟案件については社外弁護士に依存するとしても、よりビジネスに密着した予防法務・戦略法務に属する問題については第一次的に法務部門で処理し、必要に応じ社外弁護士に助言を求めるという運営が最も効率的であると考えられるとする。また、法務部門の生産性を評価するための試みとして、内部費用から法務担当者1人当たりのコストを計算し、外部弁護士に依頼した場合と比較している。

2000年代においては、司法制度改革を受けて企業内弁護士への関心が高まり、第9次実態調査（2005年）において、「調停・訴訟の委任に際し、社内弁護士と社外弁護士をどのような基準で使い分けていますか。」という設問が設けられ、社内弁護士との役割分担が議論の対象となっている。[32]

この点に関連して、2000年代後半には、マイクロソフト株式会社法務・政策企画統括本部法務本部による「インハウスローヤーから見た企業法務と法律事務所の役割分担」[33]において、同社執行役 法務・政策企画統括本部長（当時）の伊藤ゆみ子弁護士が「社内の弁護士は法的判断の最終責任者であり、外部の弁護士はそのサポートをするという位置づけです。業務の中でも特に訴訟・リサーチ・オピニオン・大規模プロジェクトの4つは、外部の弁護士に依頼することが多い」、「社内弁護士は、外部のリソースを有効活用しながら、最も効率的に業務を遂行していくことが求められている」と述べている。

また、松木和道[34]「企業法務の軌跡と展望」[35]は、「法曹有資格者が企業法務に採用されることにより、訴訟対応が企業に内製化されるかは、今しばらく様子を見る必要があると思われる。実務経験のない新しい法曹有資格者に訴訟のすべてを委ねてしまうという

30　掲載時点において、住友信託銀行株式会社法務室長。
31　経営法友会リポート149号（1986）3頁以下。
32　第9次実態調査の分析報告182ページ。実態調査の質問内容の変遷に着目して分析するものとして米田憲市「日本における企業活動と弁護士の位置と将来『法務部門の実態調査』の歴史を手掛かりに」法社会学第76号（2012）14頁以下。
33　Business Law Journal 2008年7月号52頁。
34　掲載時点において、三菱商事株式会社社理事 法務・コンプライアンス担当補佐兼コンプライアンス統括部長。
35　NBL900号（2009）5頁以下。

ことは考えられず、一方、企業にとってその処理を内製化しなければならないほど訴訟が大量にある企業はまれであると思われ、この分野は今しばらく外部弁護士事務所との協働作業の分野になるのではないかと思われる。」との見立てを示している。

2010年代になると、企業内弁護士からの発信がさらに増えてくる。たとえば法学教室の本間正浩[36]「企業内法務の実務第5回 グローバル企業における企業法務部と企業内弁護士の役割」[37]は、グローバル・ビジネスにおける企業内弁護士は、自分自身に知識がない法律問題について、現地弁護士をどう「使う」かが重要な要素であり、そのためには「法律プロフェッショナル」としての語学力にとどまらないコミュニケーション能力と、「リーダーシップ」が必要と説いている。

また、茅野みつる[38]「グローバル時代の企業内法務部における役割と課題」[39]は、法務部門の役割は多岐にわたるものの、外部弁護士の存在は不可欠であり、弁護士事務所には①法律知識の観点での専門性、②地域カバレッジの観点での専門性、③弁護士事務所のインフラ、④弁護士事務所のインテグリティの観点からの見識があり、法務部門はこれらの点に関して外部弁護士事務所と協働関係を構築すべきであるとする。

社内弁護士の増加と社外弁護士の関係については、中川英彦「企業法務の転換期」[40]が、「第11次 法務部門実態調査」中間報告において法務担当者の増加とともに社外弁護士を利用する機会も増加していることが示されている[41]ことを踏まえて、「法律問題を企業内部で処理することと、外部弁護士を利用することとは相反関係となるのではなく、むしろ両者は相互関係にあり、企業が内部処理を進めれば進めるほど、その法的裏付けやセカンド・オピニオンを取得するために外部弁護士を利用するという関係になるのだろう」として、法務部門の拡大が外部弁護士に対する法律相談需要を拡大させている可能性を示唆する。

2010年代後半になると、諸外国の法務部門との国際比較が活

---

36 掲載時点において、日清食品ホールディングス株式会社執行役員・CLO、ジェネラル・カウンセル、弁護士。

37 法学教室415号（2015）121頁以下。

38 掲載時点において、伊藤忠商事執行役員法務部長。

39 商事法務2025号（2014）32頁以下。

40 NBL1073号（2016）48頁以下。

41 経営法友会レポート503号（2016）13頁。

発になってくる。

島岡聖也[42]「企業法務部門の現状の課題と将来像について：わが国の企業法務部門はどこへ行こうとしているのか」[43]は、"Inhouse Counsel Movement" として米国において社内弁護士の地位が著しく向上した背景に関する議論として、社内弁護士が社外弁護士に対してクライアントとして優位に立つようになった経緯等を紹介し、その成果は法的リスクマネジメント、ガバナンスに関する意思決定に直接関与しつつ、社外弁護士との関係での Make or Buy（仕事の社内外の配分決定権）という権限を有することからもたらされたことは、日本の企業法務部門強化の道標として特に学ぶべき点であるとする。そのうえで、法務部員4名以下の「小規模法務」は、この主要な2点を中心に業務ドメインを見直し、トップの意思決定サポート、リスクマネジメント、ガバナンスの分野に積極的・主体的に関わり、業務の取込みやリシャッフルを行い、そのために必要なリソースと社内外での理解を長期的に確保するための組織戦略を必要とすると説く。また、「社外弁護士の調達窓口としては企業法務部門に一元化し、社内外への業務の効率的配分決定を前提とした相談体制や契約の在り方については、企業法務部門が当然専権を有するべき」とする[44]。

経済産業省による「国際競争力強化に向けた日本企業の法務機能の在り方研究会報告書」は、日米企業の法務部門の実態の比較を試みたうえで、これからの日本企業に求められる法務機能を論

42　株式会社東芝において法務部長、取締役監査委員、経営法友会において副代表幹事、日本監査役協会常任理事等を歴任。

43　日本大学法科大学院法務研究第15号（2018）193頁以下。

44　論考の続編である島岡誠也「企業法務部門の現状の課題と将来像について(2)——国際比較から見たわが国企業法務部門への示唆」日本大学法科大学院法務研究第16号（2019年1月）95頁では、特にリソースの限られた中小規模法務部門については「まず，ガーディアン業務／予防・臨床法務，すなわち，ガバナンス，コンプライアンス，内部統制の司令塔として，法務部門とトップマネジメントや取締役会との関係を構築させ，必要なリソースと権限を最優先で確保させるべきである。そして，むしろ，今まで伝統的な業務として取り扱われてきたパートナー業務や戦略法務，すなわち各種契約，事業開発やM＆A等については，受益者負担の構造の中で，内部リソースと外部弁護士のリソースの組み合わせによる活用（外部委託：Externalization）を検討すべきであると考える」と説く。

じており、その中で、社外弁護士を使う際には、主体的に使うことが重要で、外部弁護士は会社から選別された一部の情報しか与えられないので保守的になる傾向があるから、当該傾向を認識した上で、会社が達成したいことを示し、ソリューションを徹底的に議論したり、ロジックに不明な点があれば徹底期に質問を重ねたりすることが重要であるとする。また、ニーズに合うサービスを提供する弁護士を選択するために、日ごろから、法律事務所との幅広く強固なネットワークを構築しておくことが必須であると論ずる。

2018年には、GEの上級副社長兼ジェネラル・カウンセル、法務・広報担当上級副社長を歴任したBen W. Heineman Jr. 氏の"Inside Counsel Revolution ─ Resolving the Partner-Guardian Tension"[45]の日本語訳版[46]が出版され、一部の企業の法務部による社外の法律事務所との戦略的提携関係構築の動きなどが紹介されている。[47]

2020年代には、2019年に発生したCOVID-19の影響とAIの発展により、法務部門におけるDX（デジタル・トランスフォーメーション）が急速に浸透し、法務部門および社外弁護士の機能とは何かという根源的な議論が活発に行われるようになる。たとえば、石川智史＝安平武彦「2020年代〜ウィズ／アフターコロナ時代の法務機能」[48]は、リーガルテックの発展・浸透により、契約書のチェックや法定書類の作成作業については、外部弁護士の経験知やリソースに頼る必要性が低下する可能性があり、今後の方向性として専門的な知見を求める傾向が加速し、総合的で実効性ある意見を求められる傾向が強まることが考えられると予測している。また、竹田絵美「法務の眼　ビジネス・プロセス・アウトソーシング（BPO）の視点から法務業務効率化を考える」[49]は、法務業務の効率化にBPOの観点が生かせないかという視点から分析し、BPOを活用するメリットがデメリットを上回る場合として、法律事務所がツールなどを活用して契約審査に係る工数を大幅に圧縮し、コスト削減を実現すれば、リーガルテクノロジー

45　Ankerwyck,2016
46　ベン・W・ハイネマン Jr. 著、企業法務革命翻訳プロジェクト訳『企業法務革命──ジェネラル・カウンセルの挑戦』（商事法務、2018）。
47　同書450〜451頁。
48　ビジネス法務2021年10月号152頁以下。
49　経営法友会リポート594号（2023）1頁以下。

190　■──Core 7　外部リソースの活用

と運用を組み合わせた契約審査サービスとして活用する余地があるのではないかと指摘している。

　このように、本コアに関しては、社外リソースとしては主に外部弁護士を想定して、いかに外部弁護士を活用するかについて論じられてきたものであるが、企業内弁護士の増加により当該論点がより掘り下げられ、また国際比較の視点も絡めながら、勃興するリーガルテックの価値と比較しつつ、社外弁護士の役割を再定義しようとしているのが現状であるといえるだろう。

☞ 法務部門実態調査

【社外弁護士・法律事務所の選定基準】

　社内弁護士や法律事務所の選定基準が「ある」という回答はメガクラス法務（31名以上）の場合には23.5%、大規模法務（11名-30名）の場合には15.0%であるのに対し、中規模法務（5-10名）、小規模法務（5名未満）の場合には約6%であり、法務部門の規模が大きくなるにつれて選定基準が定められている割合が高くなる[50]。これは、法務部門の規模が大きくなるに連れて部門内のコミュニケーションコストが増加するため基準を言語化しておく必要があること、大きな法務部門を抱えている会社は事業も多岐にわたっている傾向にあり、「いつもの」法律事務所に依頼するだけではその会社が直面する法的課題をカバーすることが難しくなることなどが要因であると推察される。

【社外弁護士に依頼する際の報酬に関する取り決め】

　社外弁護士報酬に関する取り決めについて、「報酬の見積もりを取り、見積額を超えるときは知らせてもらうことにする」とする回答が最も多く、47.1%を占める。「報酬基準を事前に決めておく」が23.7%、「タイム・チャージ形式で依頼する場合に報酬の上限額を取り決める」「着手金・成功報酬形式で依頼する場合に、結果に応じた成功報酬額をあらかじめ取り決める」はそれぞれ22.0%、20.3%であった。また、「特に行っていることはない」とする回答が11.3%あった[51]。

50　実態調査297頁。
51　実態調査300頁。

7-1　問題の所在──▥　191

【社外弁護士に依頼した案件の記録】

　法務部門における社外弁護士に依頼した費用の案件と評価の記録に関する質問に対して、「案件ごとに費用は記録しているが、評価は記録していない。」が53.4％で最も多い。評価に関しては、「費用と評価を案件ごとに記録している」のは12.3％、「案件ごとに評価は記録しているが、費用は記録していない」のが3.1％で、合わせて15.4％が評価を記録している。「費用も評価も案件ごとには記録していない」と回答した企業も31.3％あった。[52] ただし、「案件ごとには」記録していないという回答を選択しただけであるから、四半期などまとまった期間では記録している可能性もあり、当該回答のみをもって会社が法律事務所を評価していないとまでは言いきれない。

【弁護士費用の管理】

　弁護士費用の支払いの管理方法について、「法務部門が一元的に管理して支払っている（他部門へ事後的に配分することも含む）」とする回答が最も多く、40.7％を占める。次いで「法務部門が管理するものと他部門が管理して支払うものがあり、法務部門で総額を把握できない」とする回答が31.6％、「法務部門が管理するものと他部門が管理して支払うものがあり、法務部門で総額を把握できる」と回答した企業が22.7％である。

　業種別では、金融業が他の業種と大きく異なっており、「法務部門が一元的に管理して支払っている（他部門へ事後的に配分することも含む）」が２割以下にとどまり、「法務部門が管理するものと他部門が管理して支払うものがあり、法務部門で総額を把握できない」が40.7％であった。[53]

【国内・海外の弁護士費用の支払額】

　法務部門で弁護士への支払総額を把握することができる企業に対する、2019年度の国内の社外弁護士費用の質問に対して、全体では「1,000万円以下」とする回答が33.2％で、最も多かった。メガクラス法務では「３億円超」とする回答が30.8％と最も多く、（１億円超）「３億円以下」が26.9％とそれに次いだ。大規模法務では（1,000万円超）「3,000万円以下」とする回答が最も多く25.9％であったが、３億円超とする回答も7.1％あるなど、3,000万円超を支払っている会社が約５割あった。中規模法務で

Core 7

52　実態調査307頁。
53　実態調査308-309頁。

は「1,000万円以下」「3,000万円以下」とする回答が多く、小規模法務では「300万円以下」「1,000万円以下」とする回答が多く、法務部門の規模と弁護士費用の金額の間に相関関係が見られた。

同様に2019年の日本国外の弁護士費用の質問に対して、全体の傾向として「3億円超」とする回答が7.6％、（1億円超）「3億円以下」とする回答が7.2％であり、国内弁護士に対する「3億円超」（2.6％）、（1億円超）「3億円以下」（4.0％）をそれぞれ上回った。法務部門の規模別では、メガクラス法務では「3億円超」とする回答が40％、（1億円超）「3億円以下」が25.0％、大規模法務では「3億円超」（1億円超）「3億円以下」とする回答がいずれも16.2％であり、規模が大きい法務部門においては1億円を超える弁護士費用を支払っている会社が少なくないことがわかる[54]。

【社内弁護士の有無との関係】

社内弁護士の在籍する企業において、社外弁護士に支払う額が「増加している」と回答した企業は61.4％、「変わらない」が29.9％、「減少している」が8.7％であり、社内弁護士がいない場合よりも弁護士の支払額が増加したという企業の割合が多くなっている[55]。

7-2 | 本コアとは

社内人材の活用も、社外リソースの活用も、法務部門がその機能を果たすために人的リソースを活用するという点では同じである。したがって、社外リソースをどのように活用するかという論点は、社内人材をどのように活用するかという論点と表裏一体であり、法務部門の守備範囲をカバーするために両者をどのように配置するのが最適かを考える必要がある。

54　実態調査311～313頁。
55　実態調査316頁。

Core7 外部リソースの活用	外部弁護士・ベンダーの最適な選定と活用	
レベル1	レベル2	レベル3
外部弁護士管理・情報収集開始段階	外部弁護士を適正に評価している段階	外部弁護士との適正な関係性構築と外部弁護士以外のアウトソース先が活用されている段階
□法務部門が弁護士起用事実を把握・何らかのコントロールをしている □外部弁護士に依頼する業務範囲・案件を明らかにしている □外部弁護士の候補に関する情報を収集している □業務範囲・案件ごとの外部弁護士の候補をリスト化している	□外部弁護士の選定の決定権をもっている □外部弁護士を適正に選定している □外部弁護士に対する評価基準・起用ポリシー・Engagement Letterが具体的に示されている □上記評価基準・ポリシー等に基づき、外部弁護士を適正に評価し、記録している	□レベル2の外部弁護士の記録をデータベース化して活用している □レベル2の評価結果をふまえ、外部弁護士候補を見直し、必要に応じて、新しい外部弁護士の候補の情報収集、ネットワークづくりを行っている □外部弁護士のみならず、新規分野の外部ベンダーのリスト、評価基準を作成し、運用している
＜外部弁護士の候補リストの例＞ ・業務範囲と案件ごとの相談先の外部弁護士の一覧	＜外部弁護士の適正選定の例＞ ・RFP ＜外部弁護士の評価記録の例＞ ・評価システム	＜データベース化の例＞ ・評価システムのデータベース化 ＜新規分野の外部ベンダーの例＞ ・フォレンジック ・リーガルテック

1 レベル1

　レベル1には、外部リソースを戦略的に活用するための土台となる項目を列記した。

まず、会社全体でどの部門がどのように弁護士を起用しているかを法務部門が把握・何らかのコントロールをするべきである。当然のことのようにも思えるが、会社の規模によっては、人事部門や財務部門、あるいは事業部門においても高度に専門化し、自ら外部弁護士事務所を起用している状態は考えられる。会社が弁護士を起用している領域は、法務部門の守備範囲となりうる領域であるから、法務部門としては、他部門による弁護士起用の事実も

把握し、可能な限りコントロールを及ぼすことで、法務領域における
リスクコントロールとリソースの最適化（法務部門のリソースによる代替、別の弁護士を起用することによる効率化等）を図るべきである。

次に、「外部弁護士に依頼する業務範囲・案件を明らかにしていること」を挙げた。本項冒頭で述べたとおり、外部リソース活用の肝は、社内・社外のリソースの最適配置であるから、どのような業務を社外に依頼するかのスタンスを持ち、部門内でも認識を共有しておくとよい。また、外部弁護士に案件を依頼する際には、その範囲や案件の背景、求めるアウトプットの形式などを明確にすることで、不必要なコストの発生を防ぐ必要がある。

そして、案件依頼前の情報収集として「外部弁護士候補の情報収集」「業務範囲・案件ごとの外部弁護士候補のリスト化」を項目に掲げている。過去に起用した弁護士で次回もまた起用してもよいと思えるような弁護士をリスト化しておくほか、外部セミナーやニューズレターなどを通じて知った弁護士を小規模案件で起用してみる方法も考えられる。

② レベル2

レベル2は、法務部門が、主体的に外部弁護士を活用し、評価する段階である。

まず、「外部弁護士の選定の決定権を持っていること」を項目に掲げた。どの弁護士を起用するかはリスク管理の要諦であり、法務部門が責任をもって判断すべきである。ただし、本項目は、弁護士とのやり取りに際して法務部門を経由することを必ずしも求める趣旨ではない。十分に専門化された部門が依頼元である場合には、直接弁護士事務所とやり取りをしてもらうことが効率的

な場面もありうるし、そもそも案件として重要性がないからあえて外部に依頼しているようなケースでは法務部門を経由してしまうことにより内部工数が発生し、外部に依頼するメリットを十分に享受することができなくなってしまいかねない。法務部門としては、どのような案件にどの弁護士事務所を起用するかを判断し、その働きぶりを適切に評価するに足るだけの情報を把握することができればよい。

　次に、「外部弁護士を適正に選定している」ことを挙げた。「適正」とは案件の内容に応じて、専門性・コスト・スピードやコミュニケーションの取りやすさなども考慮して選定することを指す。その方法として、**RFP**（Request For Proposal, 提案依頼書）を用いるのも一案である。RFP 作成の目的は、アウトソーシングの目的や範囲を明確にし、相手方に期待する成果物の種類や品質、納期などを事前に示すことで、外部ベンダーとの間で共通理解を構築することである。すべての案件でRFP を用いることは現実的ではないが、中長期的な案件や多額のコストを要する案件ではRFP の活用を検討するとよい。RFP 書式の出来・不出来よりも、法務部門の要求を言語化して、先方から文書で提案をもらうというプロセス自体が重要である[57]。

　次に、「評価基準・起用ポリシー・Engagement Letter が具体的に示されている」ことについて、評価基準は個性的なものである必要はないので、通常は、自社のビジネスに対する理解、レスポンスやアウトプットの速さ、コスト、法的ロジックに破綻がないこと、コミュニケーションの容易さ等が基準として挙げられるだ

56　中村＝淵邊・前掲注 7 書32頁は、あらかじめ法務部門が認めたポートフォリオベースで事業部門による選任を認める方法を紹介している。
57　鈴木＝門永編著・前掲注28書181頁。

ろう。顧問弁護士や、継続的に案件を依頼する関係にある弁護士事務所に対しては、あらかじめ評価基準を伝達し、案件終了後や定期的に評価をフィードバックするとよい。前述したとおり、社外弁護士も人的リソースの活用の一場面であるから、社内の人材に対して行うべき施策は同様に実施すべきと考えれば、評価基準をあらかじめ明示することと、そのフィードバックをすることは自然な行為であると捉えることができる。起用ポリシーは、評価基準をベースに設定することのほか、Legal 500のランキングで何位以上、というような形式的な基準を持つことも考えられる。後者の方法は、自社に知見がない法分野や地域における弁護士を起用する場合に特に有効である。

　Engagement Letter の作成は、相対的に費用の高い日本国外の弁護士起用の場合は重要である。予期しない請求を防止するとともに、請求書発行の時期や記載事項についても合意しておくとよい。[58]

　最後に、「上記評価基準・ポリシー等に基づき、外部弁護士を適正に評価し、記録している」ことを挙げた。外部弁護士の評価を、依頼した担当者個人にとっての知見とするのではなく、組織のノウハウとしては共有するためには、記録化が不可欠である。

③　レベル3

　レベル3は外部弁護士の評価記録をデータベース化して実際に活用に落とし込み、外部弁護士候補リストを見直すプロセスを導入して、新鮮なリストを維持するなど、常に運用が回っている状態を想定している。使い慣れた法律事務所を引き続き雇用する場

58　鈴木＝門永編著・前掲注28書181頁。

合には、前提の説明が不要であるという点でコミュニケーション上のメリットがあるが、法務部門としては、常に自社が置かれている最新の情勢に適した外部弁護士を選任することができる体制を整えておかなければならない。そのためには、外部弁護士を起用した案件を定期的に振り返り、外部弁護士との相互フィードバックを通じて改善点を抽出して施策に移したり、時には躊躇なく弁護士を変更したりすることができるような体制を構築する必要がある。特に新規弁護士の選任にはコミュニケーションコストが不可避的に発生するため、スムーズなオンボーディングのための準備をしておく必要がある。[59]

　また、この段階においては、外部弁護士を起用した案件のデータベースを通じて、部門全体の内製業務・外部委嘱業務を一覧性ある形で把握することができるから、本来あるべき内製・外注のバランスを再検討して、いずれかを増減し、あるいはバランスの最適化を図るなど、次の打ち手を検討することも容易な状態となる。

　最後に「外部弁護士のみならず、新規分野の外部ベンダーのリスト、評価基準を作成し、運用している」ことを項目に挙げた。新規分野の外部ベンダーとは、リーガルテックやフォレンジックベンダーや、法隣接分野のコンサルティング会社などを想定している。たとえばリーガルテックの導入は、社内の業務効率化を目的としていることが多いから、法務部門の業務範囲委を拡張する意味合いを持つ外部弁護士の活用とは方向性が異なるが、そうであるからこそ両者を組み合わせて活用することは、法務部門の価

59　たとえば、自社の置かれたビジネス環境や法的論点、用語などを説明した資料をあらかじめ用意しておく方法等が考えられる。

値最大化に寄与する。

7-3 | 有意な事例としてはどのようなものがあるか

　ある日本企業の法務部門においては、外部弁護士は法務部門の Extension と位置づけるので、社内規程で重要案件での弁護士起用は法務部門承認事項としている。また、国とセクター（機能）のマトリクスで作成された起用弁護士事務所リストを、社内共有している。社内で情報共有するだけでなく、外部弁護士事務所にも自社にとっての同事務所への期待・お願いを説明し、関係構築を働きかけている。弁護士事務所の評価は四半期に1度実施し、対象は現在進行形の案件担当弁護士事務所である。起用部門・法務部門がそれぞれ評価し、対話のうえ、互いの評価の差・特記事項を記録している。支出管理ツールを用いているが、外部弁護士のコストコントロールを法務部門で実施しているわけではない。子会社に対しても年間一定金額以上弁護士費用をかけている会社からは年1回報告を受けている。これらは、費用コントロールというより、内部監査的な位置付けであり、重要案件では外部弁護士が起用されるはずであるから、弁護士費用を確認することにより重要案件を法務部門で捕捉することに主眼を置いている。

Column　法律事務所への外注（BPO）

　契約審査業務の一部を国内の法律事務所へ外注（BPO）している企業の法務部門の事例を紹介する。同社では、契約を法的なリスクの高低により分類し、リスクが低いとして類型化された契約については法務による審査を不要（契約にかかる取引を行う事業部門で完結可）とする基準を策定している。この基準に基づき法務審査は要するものの、リスクレベルが中程度以下の契約のうち、適切な契約リスクの管理およびBPOによるスケールメリット享受等の観点から、定型性が高く、かつ案件数の多い、国内の秘密保持契約（NDA）や業務委託契約などを中心にBPOを進めている。なお、クロスボーダーの契約は、社内の法務人材の育成にとって有用な素材でもあり、この点も含めてBPOによるメリット／デメリットを更に精査する必要があるため、現時点では対象外となっている。同社において法務審査の対象となる契約は年間2,000件近くに上るが、現在、そのうち3割程度を外部に委託しており、将来的にはその割合を5割近くまで引き上げる意向を有している。BPOにあたっては、提供されるサービスの品質（Quality）・コスト（Cost）・納期（Delivery）を研ぎ澄ますために、前提として契約に関する業務プロセスが可視化・標準化されている必要があるが、同社では、契約の審査受付から締結・管理までの一連の業務プロセスを可視化したうえで、業務マニュアルやプレイブックを作成し、標準化を行っている。すなわち、それぞれの業務において必要なタスク・手順とプレーヤーを明確にしたオペレーション・マニュアルと、契約書の各条項に関し、相手方提案にかかる文言の受入れ可否やカウンター案、留意点等についてガイドする契約審査のポリシー・スタンスを定めたプレイブックが用意されている。また、各種契約書のひな形や解説の拡充にも取り組んでいる。外注先の法律事務所とこれらを共有し、契約審査そのものに加えて、契約審査に必要な事業部門との直接のコミュニケーションも含む形で業務委託がなされている。外注先の選定にあたっては、QCDに加えて、外注先の法律事務所の業務キャパシティといったBPOサービスの継続可能性も勘案して、決定している。

　BPOによって、コストの削減を含む業務の効率化を最大化するには、リーガルテックの活用もキーとなる。同社では、上記の通

り、契約に関する業務プロセスを可視化・標準化しているが、これを契約ライフサイクルマネジメントシステム等のリーガルテックによりシステム化し、または、リーガルテックに組み込んでいる。さらに、それらのリーガルテックを契約審査のBPOにおいても活用できるようにするため、外注先の法律事務所に関し、リーガルテック利用契約上の取扱いや、データのアクセス範囲について関係者との確認・調整を進め、BPOとリーガルテックの掛け算による相乗効果により、最大限の業務効率化を実現することを目指している。

また、契約審査業務のBPOの目的の1つは、業務の効率化により、社内のリソースを最適化し、より高度で付加価値の高い業務にシフトしていくことにあるが、これは安定的な外注の体制が構築できてはじめて実現可能である。このため、複数の委託先を確保しながらの推進が求められるが、国内において、まだ志向をしている企業も限られることから、契約審査のBPOサービスを提供するALSPはまだ多くない。今後、競争力のある価格で良質なサービスを提供するALSPが増え、多くの法務部門が直面をしている人材確保の課題やそれを踏まえての今後の最適運営を考えるにあたり、契約審査業務のBPOも有力な選択肢の1つに加えられることが望まれる。

Core 8

テクノロジーの活用

鈴木　卓

8-1 | これまでの議論と問題の所在

1 テクノロジー一般

　法務に限らない一般的なこれまでの経緯を簡単におさらいすると、オフィスワーカーが使用するテクノロジーは、大きくパソコンのようなハードウェアとメールのようなソフトウェアに分けることができる。以下では、それぞれについて、過去20〜30年の間にどのような変遷を経てきたか、簡単に振り返る。

(1) ハードウェア

　まず、ハードについては、手書からワープロに変わり、パソコンに変わってきた。パソコンも、かつてはデスクトップ型のものが主流であったが、現在ではラップトップが主流となっており、働く場所を選ばない。さらには、スマートフォンやタブレットのようなデバイスも普及しており、（ソフトの環境がクラウドベースになっていれば）デバイスを選ばず、あるいは、時と場所によって最適なデバイスを使って働くことができるようになっている。

　今後は、AppleがWWDC 2023で発表したVision Proのような、XR（VR／AR）デバイスがオフィスワーカーの業務に変革をもたらすかが注目されるところである。

(2)　ソフトウェア

　一方で、ソフトの世界では、かつては数年に一回ソフトウェアを買い替えていたものが、現在では、一定期間のサブスクリプションモデル（Software as a Service／SaaS）が主流になった。かつては、「Windows ○年版では…」「Word ○年版では…」といった会話をよく聞いたが、現在では聞かれなくなった。デスクトップ版のアプリケーションを使用している方も多いであろうが、ウェブブラウザ上で稼働するアプリケーション（Outlook Online、Word Online、Excel Onlineなどなど）を使うことで、常に最新版を使うことができる時代になった。

　個々のアプリケーションを見ても、Faxからメールに移行して以来、少なくとも法務パーソンにとっては、メールが主たる文字情報によるコミュニケーションツールであったが、近時ではビジネスチャットに移行しつつある。ソフト環境がクラウドベースであれば、メールやチャットでファイルをやり取りせずとも、同時編集機能を使って、関係者全員が同じファイルを同時に編集することが可能であるし、たとえば、Microsoft Wordのコメント機能

内で@メンションすれば、Microsoft Word 内でのコミュニケーションも可能である（もはや、メールやチャットでファイルをやり取りする時代ではなくなった。）。

　口頭でのコミュニケーションについても、対面でのコミュニケーションから電話会議、そして、Zoom や Teams のようなオンライン会議に移行してきた。海外では徐々に普及していたが、日本でも、コロナ禍で一気にオンライン会議が普及した。対面でのコミュニケーションが適する場面も多々あるものの、少なくとも法務の業務については、リモートで完結しようと思えばできる業務が多く、オンライン会議に向いている業種であるといえる。

　コロナ禍を機にリモートワークを導入し、一部オフィスに戻りつつも、一定割合のリモートワークを認めるハイブリッド型に移行した企業も多いであろう。今後の焦点は、コロナ禍で進んだ柔軟な働き方を維持しつつ、全員が同じ場所・同じ時間で働いていない中で、テクノロジーを活用してどう生産性を上げていくことができるか、どうチームとしてワークさせていくかということであろう。

2　AI

　テクノロジーに触れるのであれば、AI にも触れなければならないであろう。AI 自体の歴史は長いが、機械学習・深層学習の発展に伴う第 3 次 AI ブーム、さらには、2022年11月における Open AI による ChatGPT の一般ユーザーへの公開に端を発する Generative AI ブームといった近時のトレンドを受け、法務の業務においても AI を如何に活用するかが活発に議論されている。

③　リーガルテック

　上記①および②は、法務に限られないテクノロジー一般の外観であるが、2015-16年ころから、金融界をターゲットにしたFintech を中心に業界特化型のテクノロジー（○○ Tech と呼ばれるもの）が頻繁に話題になるようになった。その中で、法務においても、2018年ごろから、「リーガルテック」という言葉を頻繁に見かけるようになり、リーガルテックをいかに法務業務に活用するかが議論されるようになった。それと軌を一にして、日本でもさまざまなリーガルテック製品が提供されるようになり、2019年からは「リーガルテックブーム」と言っても過言ではない状況となった。

　（リーガルテックに限らず、○○ Tech 全般にいえることではあるが）リーガルテックの登場により、より法務のニーズに合ったテクノロジーが提供されるようになり、テクノロジーの活用が容易で、身近になった。リーガルテックの登場以前において、（法務の IT 化という議論はあっても）上記①で挙げた汎用的なテクノロジーについて、法務業界の中で法務特有の活用方法を頻繁に議論するということはなかった。リーガルテックの登場により、テクノロジーを活用していかに法務の業務を効率化するか、生産性を上げていくか、変革（デジタルトランスフォーメーション）していくかが頻繁に議論されるようになった。これは大きな違いであり、リーガルテックの登場前後で大きな変化があったと理解できる。

アーカイブ

　以下では、リーガルテックの活用に関する日本における議論を簡単に概観し、NBLという1つの雑誌内での議論経過を追うことによって、これまでの議論を振り返る[1]。

　NBL誌上で最初に「リーガルテック」という言葉が登場したのは、2017年12月1日号に掲載された「人工知能の発展と企業法務の未来（2・上）」[2]という論稿であるが、一言リーガルテックに言及するのみにとどまる。2020年9月に、NBLの9月15日号に「日系企業は海外取引で電子契約を導入できるか？」と題する座談会が掲載された[3]。これは、契約を電子的に締結するリーガルテックである電子契約／e-Signature の海外取引での活用を議論するものである。2020年時点では、コロナ禍により皆がリモートワークを余儀なくされる中、電子契約／e-Signature を中心に少しずつリーガルテックの活用が注目されていったと理解できる。他方で、2021年は、リーガルテックの議論から始まる。NBLの1月1日号および2月1日号に「〔新春座談会〕リーガルテックとこれからの法務組織・企業・社会（上）（下）」が掲載された[4]。この座談会には、当時の主要なリーガルテック企業と目される企業が概ねすべて参加しており、この座談会から、この時点でのリーガルテックのレベル感を理解することが可能である。ただ、リーガルテック導入の前提としてのリーガルオペレーションズの考え方についてまでは議論されていない。続いて、同年10月1日号に「契約締結後のリスク管理と法務部門——契約ライフ

1　なお、ある種のリーガルテックには、弁護士法72条の問題が付きまとうが、本書はリーガルオペレーションズの観点からリーガルテックの活用を議論するものであるから、ここでは議論しない。リーガルテックと弁護士法72条の問題については、2023年8月の法務省のガイダンスにより、一定の整理がなされたものと理解されるが、優れた先行文献が数多く存在するため、詳細はそれらをご参照いただきたい。
2　角田篤泰「人工知能の発展と企業法務の未来（2・上）」NBL1111号（2017）48頁。
3　佐々木毅尚ほか・座談会「日系企業は海外取引で電子契約を導入できるか？」NBL1178号（2020）14頁。
4　佐々木毅尚ほか・座談会「リーガルテックとこれからの法務組織・企業・社会（上）（下）」NBL1185号（2021）57頁、1187号（2021）41頁。

サイクルへの関与を考える」が掲載された[5]。この論稿は、契約締結後のプロセスに法務部門が関与し、リスク管理を高度化することを議論するものである。2021年時点では、契約を中心に、リーガルテックに関する充実した議論が見られるようになったと理解することができる。なお、当研究会も、2021年に日本版リーガルオペレーションズの論稿を発表し[6]、12月にはCore 8 Eventを開催した[7]。2022年に入ると、契約を中心により掘り下げた論稿が見られるようになる。5月に掲載された「契約実務におけるリーガルテックの活用とその将来展望（上）（下）」は[8]、元実務家の研究者の視点から契約におけるリーガルテック活用を掘り下げるものである。小林教授は、2023年6月にも「米国における法律業界の構造改革とリーガルテック・法務DX（上）（下）」という論稿を公表している[9]。この論稿は、リーガルテックそのものではなく、リーガルテックによる法律業界の構造改革に焦点を当てている点で興味深く、わが国における法律業界にも有益な示唆を与えるものである。2023年には、「AIと『法務の仕事』の未来」と題する論稿も発表された[10]。この論稿は、ChatGPTに代表されるGenerative AIやそのベースとなっているLLM（Large Language Model）について概観するとともに、これらを組み込んだリーガルテック／法務AIの法務実務における活用を議論するものである。

以上の議論経過を概観すると、電子契約で始まった日本のリーガルテックに関する議論は、2023年になり、単なるリーガルテックの活用を超えた議論がなされるようになってきていると理解す

---

5 角田望「契約締結後のリスク管理と法務部門——契約ライフサイクルへの関与を考える」NBL1203号（2021）46頁。

6 「巻頭言　リーガルオペレーションズのすゝめ」NBL1191号（2021）1頁、「日本版リーガルオペレーションズの8つのコア」同号4頁、「フレームワークの意義と期待——日本版リーガルオペレーションズ Maturity Model に関する意見交換会」NBL1206号（2021）26頁。

7 https://wp.shojihomu.co.jp/jlo_core 8 event

8 小林一郎「契約実務におけるリーガルテックの活用とその将来展望（上）（下）」NBL1217号（2022）38頁、1218号（2022）40頁。

9 小林一郎「米国における法律業界の構造改革とリーガルテック・法務DX（上）（下）」NBL1243号（2023）55頁、1244号（2023）101頁。

10 古川直裕＝丸山修平＝宮﨑光世「AIと『法務の仕事』の未来」NBL1246号（2023）64頁。

ることができ、リーガルテックだけでなく、リーガルオペレーションズにつながる議論がなされるようになってきている。

④ 問題の所在

以上、NBL誌上におけるリーガルテックの議論を概観すると、（最近になってリーガルオペレーションズの議論につながる議論が見られるようになってきているものの）「AIで何ができるか」「リーガルテックがどこまで進んでおり、どう活用するか」といった形で、テクノロジーありきで、それをいかに活用するかが議論されてきたことがわかる[11]。つまり、「テックドリブン」でリーガルテックの活用が議論されてきたといえる。そこでは、現状の企業法務の現場がどのような課題を抱えており、その解決のためにどのようなアプローチが考えられるかという視点での議論はなされていない。そのため、各論稿で議論されているリーガルテックがどのような課題を解決しようとするものなのかはわからない。

他方で、リーガルオペレーションズの観点からは、テクノロジーは手段であって目的ではない。リーガルテックを活用する目的は、何らかの課題があってそれを解決すること（それにより、ひいては法務機能を強化すること）であるはずである。そのため、リーガルオペレーションズの観点からは、リーガルテックの活用

---

11 小林教授の論稿は、リーガルテックが法律業界をどう変革するかを議論するものであるが、現在の法律業界が抱える課題を議論の出発点としているわけではなく、リーガルテックが法律業界にどのような影響を及ぼすかというリーガルテックを基軸とした議論であり、「テックドリブン」であることに変わりはない。筆者の提唱する「課題ドリブン」とは異なるアプローチであると思われる。

208　■──Core 8　テクノロジーの活用

は、「デックドリブン」ではなく、「課題ドリブン[12]」で検討する必要がある。上記**3**で概観したところからは、日本ではこの「課題ドリブン」の視点が抜けており、それが故に、最新のリーガルテックを導入したのに効果が上がらない、といった結果に至っている（事案もある）ことが問題の所在である。

☞ 法務部門実態調査

　法務部門実態調査では、179頁以下で紹介されている「業務の遂行と効率化・IT化」の項目がテクノロジー活用に関連している。リーガルテックに関連する項目を見ていくと、全般的に活用状況は低いレベルにとどまる。比較的高いのはリサーチツールの活用であるが、それでも半数に満たない活用状況である（前回調査時の36.8%からは上昇しているが、「判例検索など法律情報提供サービスを導入している」の回答が41.5%と未だ半数以下である。）。筆者のイメージでは、比較的導入が進んでいる方ではないかと想定していたAI翻訳や電子契約についても、低い水準にとどまっているのが印象的である（「英文契約書の翻訳などにAI自動翻訳サービスを利用している」の回答は、24.7%にとどまる。また、契約関連では、「契約書審査についてワークフロー・システムを導入している」の回答が31.0%、「契約書の保管や取引先

12　筆者は、商事法務主催の2021年12月13日開催の「Core 8 Event」でテクノロジーについて解説する際に以下のように申し上げた。「テクノロジーについて考えるとき、まずは、どのようなテクノロジーがあって、何がどこまでできるのかを調査すると思います。ベンダーが発信している情報を参照しますと、どれもクールで、何かすごいことができるように感じるものが多いと思います。私自身もいくつかの媒体でリーガルテックに関する最新のニュースを見ながら、わくわくします。そこで、「これ良い！」と思ったものをすぐに自社に導入すると、失敗します。クールで格好良い最新のリーガルテックが自社に合うとは限らないからです。テクノロジー活用はリーガルオペレーションズの一つのコアなのですが、リーガルオペレーションズではいきなり最新のテクノロジーを導入するのではなく、まずは、自社のリーガルオペレーションズにおける課題を把握することから始めます。そして、まずはオペレーションそのものの

等の検索、期日管理などのために契約書（文書）管理システムを導入している」の回答が25.3%、「電子署名など電子契約サービスを導入している」の回答が16.2%、「契約書作成や審査などにAI 技術を活用したサービスを導入している」の回答が12.1% である。）。

　結論として、法務部門実態調査の結果からは、中小規模の法務部門も含めると、わが国ではリーガルテックの活用はまだまだ低い水準にとどまっているといえそうである。つまり、筆者としては、議論が盛んになされていることからリーガルテックブームが到来しているとの印象を持っていたものの、実態としては活用がそこまで進んでいなかったことが法務部門実態調査の結果からわかる。

8-2 ｜ 本コアとは

　テクノロジーに係る成熟度合いをレベル分けした Maturity Model が以下の表である。成熟度合いは、一般的な日本の大企業のレベルがレベル 2 であり、相当程度に進んでいる企業あるいは理想的な企業がレベル 3 というイメージで作成されている。

1　レベル 1

　レベル 1 は、テクノロジーの情報を収集している段階である。上記**8-1**でリーガルオペレーションズの観点からは、テクノロジー活用は課題ドリブンで検討する必要があると述べたが、（逆説的ではあるものの）課題意識を持つためにも、テクノロジーの

改善で課題を解決できないか考えます。……まずはオペレーションの見直しを行い、それでもどうしても解決できない課題に絞って、解決策となるテクノロジーを探すと、自社に合ったテクノロジーが見つかるのではないかと思います。」

210　■──Core 8　テクノロジーの活用

Core8 テクノロジーの活用	テクノロジーの活用による課題解決	
レベル1	**レベル2**	**レベル3**
情報収集の段階	テクノロジーを導入する段階	導入したテクノロジーを使いこなす段階
□テクノロジーの情報を収集している	□課題を解決するためにテクノロジーを導入している □テクノロジー導入の予算を確保している	□テクノロジー導入の担当者を置いている（トップのコミットの表れ） □テクノロジー導入の計画やロードマップを定めている □導入したテクノロジーを評価・見直している □ユーザーが使いこなして効果を出している
＜一般的な情報＞ ・業界マップ ・LegalTechの会社によるSales Pitch ・セミナー ・ブログ記事 ・展示会 **＜海外の情報＞** ・CLOC ・ILTA／LegalGeek／LegalTech Week ・AI Lawyer	**＜導入手順＞** ・課題の洗い出し（現状のWFの確認・整理、WFの調整（無駄の排除）、テクノロジーで解決すべき課題の確認・整理） ・Sales Pitch／デモ ・RFP／提案 ・無料トライアル（もしあれば） ・数か月の有料トライアル（もしあれば） ・（サブスクリプションのものは）1年契約 **＜予算＞** ・法務部予算と全社予算とを使い分ける ・導入済のものを止める際には新規導入の予算確保と同時期に ・導入効果（コストベネフィット／効率化／パフォーマンス向上など）を数字で示す	**＜担当者＞** ・モチベーションの提供 ・人事評価への反映 ・業務経験／知見と多忙度 **＜計画／ロードマップ＞** ・3-5年のロードマップを作成する ・自社の課題／既存システム／既存システムの更新時期（見直し）／予算手当済のPJ／予算手当未了のPJを色分けする ・絵に描いた餅にならないように要注意 **＜評価・見直し／ユーザーBuy-in＞** ・ユーザーからFBを得る／ベンダーにFBを伝える ・直近1年間の改善状況を確認する（FBを反映して改善するベンダーは伸びる） ・ユーザーの利用状況を把握する（一部ユーザーのみしか使用していないものでも継続する必要があるものも） ・使用ガイドライン／使い方の共有／トレーニング **＜他部署連携＞** ・IT部門と定期的に（四半期に1回程度）情報・意見交換する ・営業部／事業部にも影響があるもの／全社システムとの連携

現在地を理解しておくことは重要であり、テクノロジーの情報を収集している段階をレベル1として位置づけている。

情報収集するにあたっては、有用な情報源を把握することが重要であり、「一般的な情報」と「海外の情報」に分けて、代表的な情報源を列挙している。

まず、一般的な情報として、「業界マップ」「セミナー」「ブログ記事」「セールスピッチ」「展示会」を挙げている。

レベル1
情報収集の段階

□テクノロジーの情報を収集している

＜一般的な情報＞
・業界マップ
・LegalTechの会社による Sales Pitch
・セミナー
・ブログ記事
・展示会

＜海外の情報＞
・CLOC
・ILTA／LegalGeek／ LegalTech Week
・AI Lawyer

業界マップは、一定のカテゴリー分けを行い、主要なリーガルテック製品を分類したマップである。これにより、現在どの分野のリーガルテックが提供されているかについての全体像を把握するとともに、自社の課題解決のために焦点を当てるべき分野を特定することができる。

業界マップは、リーガルテックのベンダーが作成したものもあるし、CB Insights のような情報提供会社が作成しているものもある。また、CB Insights のような情報提供会社が提供しているサービスを利用することで、自社のニーズに合わせて分野を選択し、独自の業界マップを作成することも可能である。業界マップにより、視覚的にリーガルテックの最新の状況をすぐに把握することが可能であるため、まずは業界マップをうまく活用し、全体像を把握することから始めることをお勧めしたい。

業界マップの例[13]

　また、似たような業界の全体像を把握できる情報として、GartnerやForresterのような情報提供会社が定期的に公表する情報も参考になる[14]。注目されている分野（例：CLM）であれば、定期的に情報がアップデートされるため、ウォッチしておくと、業界内の勢力図の変化を把握することができる。

　セミナーおよびブログ記事は、リーガルテックのベンダーから

13　GVA Tech株式会社「企業の法務DXを後押しするリーガルテックカオスマップ2024」（転載を許可してくださった山本氏に感謝申し上げる。）
14　たとえば、以下のようなものが参考になる。
　　Gartner：https://www.gartner.com/doc/reprints?id=1-2FF77K4Q&ct=231025&st=sb
　　Forrester：https://reprints2.forrester.com/#/assets/2/2025/RES178508/report

直接情報提供を受ける方法である。最近では、リーガルテックのベンダーのウェブサイトで、基本的な機能を説明したデモ動画、過去のセミナーの録画、基本的な機能や新しい機能を説明したWhite Paper、といった情報が公開されていることが多い。業界マップを使って、まず焦点を当てるべき分野およびその分野の主要なベンダーを把握したら、各社のウェブサイトで一定の情報収集をすることをお勧めしたい。特定の分野のベンダーを横並びで比較検討することで、リーガルテックの現在地に関する理解を深めることができるとともに、自社の課題についても深堀して検討することができる場合が多い。また、リーガルテックは、基本的にSaaS／サブスクリプションのモデルで提供されていることがほとんどであるため、定期的に大小問わずアップデートがあり、常に進化していく。そのため、新しい機能のデモ動画、新しい機能が発表される際のセミナーやWhite Paperを継続的にフォローすることで、リーガルテックの最新状況を把握することができる。これを同じ分野の複数のベンダーについて行えば、その分野のトレンドを把握することが可能になる。

　セールスピッチ（やデモ）は、一歩進んで、直接ベンダーからリーガルテック製品について説明してもらうということである。これにより、White Paperやセミナー／デモ動画からはわからない細かい点についても確認することができる。逆にいえば、ベンダーと打合せを行い、直接話を聞く前に、ベンダーのウェブサイトで情報収集し、基本的な事項を把握しておくと、自分の時間も相手の時間も無駄にせずに済む。ベンダーと打合せをする際の注意点は、事前に今後の展開をある程度見通しておくことである。ベンダーは情報提供を1つのマーケティング手法としているため、White Paperをダウンロードしたり、セミナーに参加したりする

と、ベンダーからコンタクトしてくる場合があり、「まずは、話だけでも聞いてください。」ということになる。ただ、ベンダーのセールス担当者も、ボランティアで行っているわけではないため、一度打合せをすれば、「次のステップはどうしますか？　デモしましょうか？　トライアルはいかがですか？」という話になり、気づけばある程度話が進んでいる、ということもある。自社の検討状況を丁寧に説明しつつ、たとえば、他の法務部員向けのデモやリーガルテック製品のトライアルを実施するのは時期尚早である場合には、素直にそう説明するのが望ましい。

　展示会は、複数のベンダーから同時にセールスピッチを受ける機会である。個々のベンダーとのセールスピッチでは、自社の事情に応じてより深い会話ができるが、展示会では、各ベンダーから概要を把握し、基本的な事項について比較検討することができる。展示会に合わせて新機能を発表するベンダーも多いため、トレンドを把握する目的で展示会に足を運ぶという活用方法もある。もちろん、展示会で説明を受けたベンダーと後日個別の打合せを設定し、より深い会話をすることも考えられる。上記では、業界マップから始めることをお勧めしているが、業界マップを見ても具体的な機能を想像するのは難しいため、ある日リーガルテックの導入を検討することを指示されたものの、何から始めたらよいかわからないという方には、展示会に足を運んでみることをお勧めしたい。展示会では、（細かいことを気にする必要はないので）どういうリーガルテックがあって、それぞれ大まかにどのような機能を提供しているのか、どういうユーザーが、どのように使っているのかを把握することに努めるようにすると、大まかなイメージを作ることができ（頭の整理に役立ち）、その後のより詳細な情報収集に役立つ。

次に、海外の情報源として、「CLOC」「ILTA」「LegalGeek など」「AI Lawyer など」を挙げている。

CLOC は世界最大のリーガルオペレーションズの業界団体であり、各種のリソースを提供していたり、そのウェブサイト上で、各種情報のやり取りがされている。テクノロジーについていえば、テクノロジーの利用者の立場から、誰かが質問し、それに対して他のメンバーがありうるオプションを説明する、といったやり取りが日々なされている。つまり、他社が現在どのような課題を抱えていて、それに対する解決策として、どのようなテクノロジーの活用が検討されているかを把握することができる。その意味で、「課題ドリブン」のアプローチでの情報収集ができるといえる。他方で、ILTA は、よりテクノロジーに焦点を当てた団体であり、ILTA のイベントや提供している情報を通じて、最新のリーガルテック情報を入手することが可能である。同様に、LegalGeek や LegalTech Week は、リーガルテックに焦点を当てたイベントを提供しており、そこでも、最新のリーガルテック情報を入手したり、リーガルテックに詳しい方々との人的ネットワークを構築することが可能である。

AI Lawyer などのリーガルテックに焦点を当てた個人のブログも参考になる。最近では、複数のリーガルテック専門の YouTube チャンネルや Podcast もある。いずれも、リーガルテックに関する最新トレンドを把握する 1 つの方法として有用である。いずれも、登録しておけばアップデートがあった際に通知を受け取ることができるため、最新情報を漏れなく把握することができる。

以上、リーガルテックに関するさまざまな情報源を紹介したが、一人ですべてを網羅的にフォローするのは過度な負担となり得るところである。いろいろな方法を試しながら、自社・自分に合っ

216 ■──Core 8 テクノロジーの活用

た方法を模索していただくのがよい。

② レベル2

レベル2は、課題を解決するために何らかのテクノロジーを導入している段階である。テクノロジーの導入には予算手当てが必要であるから、テクノロジー導入の予算を確保していることも必要である。

(1) リーガルテックの導入手順[15]

まず、リーガルテックの導入手順であるが、概ね以下のようなステップを経ることが多い。常にすべてのステップを踏む必要があるということではなく、たとえば、正式なRFPを作成しない場合もあるし、トライアルやパイロットについては、状況に応じて省略可能である。

レベル2
テクノロジーを導入する段階
□課題を解決するためにテクノロジーを導入している □テクノロジー導入の予算を確保している

<導入手順>
・課題の洗い出し（現状のWFの確認・整理、WFの調整（無駄の排除）、テクノロジーで解決すべき課題の確認・整理）
・Sales Pitch／デモ
・RFP／提案
・無料トライアル（もしあれば）
・数か月の有料トライアル（もしあれば）
・（サブスクリプションのものは）1年契約

<予算>
・法務部予算と全社予算とを使い分ける
・導入済のものを止める際には新規導入の予算確・保と同時期に
・導入効果（コストベネフィット／効率化／パフォーマンス向上など）を数字で示す

---

15 なお、実際にリーガルテックを導入するプロジェクトを進める際にはプロジェクトマネジメントが重要である。プロジェクトマネジメントについては、鈴木卓＝門永真紀編『Legal Operationsの実践』（商事法務、2024）324頁も参照。

まずは、繰り返し述べているように、「課題ドリブン」のアプローチにより、自社の課題を確認・整理することから始める。最近では、日本でもリーガルオペレーションズのコンサルティングサービスを提供するコンサルティングファームが見られるため[16]、自社の課題を客観的に把握するために、コンサルティングを受けるのも1つの方法である。[17]課題は一度把握すればそれでおしまいということではなく、自社を取り巻く状況の変化等により、新たな課題が生じることはままある。その意味では、定期的に（たとえば、四半期／半期に一度）アンケートやヒアリングを実施することで、リーガルオペレーションズの観点からの課題を把握することをお勧めする。課題の把握という意味では、リーガルオペレーションズのチームを専任者のみで構成するのではなく、法務の専門性を要する業務を主に担当している者にリーガルオペレーションズを兼務させる方法も有効である（なお、リーガルオペレーションズには、テクノロジー、ファイナンス、プロジェクトマネジメントなど、通常の法務部員が持ち合わせていない専門性も必要と

---

16 https://www.ey.com/ja_jp/law/legal-function-consulting
17 コンサルティングを受けて法務の在りたい姿から議論し、案件管理システムの導入につなげた事例として、前掲・鈴木・門永『Legal Operationsの実践』124頁に掲載されている丸紅株式会社のインタビュー記事が参考になる。

なるため、内部で育成するだけでなく、外部からの採用も考えられるところである。)。ジョブディスクリプションが明確に定まっている海外の企業と異なり、日本企業は、良くも悪くも未だにメンバーシップ型の企業が多い。リーガルオペレーションズの観点からは、メンバーシップ型の良い面が発揮されることが多い。特に、この課題の把握という面では、ジョブディスクリプションを書き換えなくとも、柔軟にリーガルオペレーションズを兼務させることができる点は大変有用である。海外におけるリーガルオペレーションズの議論を聞くと、「ローヤーはこういう人たち」「ローヤーは変化が嫌い」「ローヤーにリーガルテックを使ってもらうためには……」などと、ローヤーを理解することから始めなければならない難しさを感じる議論を聞くことがある。つまり、ローヤーのニーズや課題を把握すること自体に1つのハードルがあるということである。他方で、メンバーシップ型の日本企業において、法務の専門性を要する業務を主たる業務とする法務部員にリーガルオペレーションズを兼務させれば、（個人のバイアスがかかりすぎないように工夫する必要はあるものの）人に聞かずとも自分でニーズや課題感がわかる（しかも、四半期に一度という頻度ではなく、日々把握可能である。）。また、兼務メンバーがリーガルテックの最初のユーザーとして、リーガルテックに習熟すれば（そのようなユーザーを一般に「チャンピオン」などと呼ぶ。）、兼務メンバーが日常業務の中で他の法務部員にリーガルテックの使い方やコツを伝授することで、リーガルテックの活用がより進むというよい効果も期待できる。いずれにせよ、この課題の確認・整理のプロセスに人的リソースを配備し、きちんと時間をかけて検討することが何より重要である。

　自社の課題が把握できたら、次には、自社の課題に対する解決

策としてどのようなリーガルテックが適するかの当たりを付ける意味で、複数のベンダーのデモを受けてみることをお勧めする。デモを受ける際のポイントは、主要な機能だけを紹介する一般的なデモを受けるのではなく、事前にベンダーと打合せを行い、自社の想定するシナリオに沿った、より現実の実務に近い場面でのデモ（自社用にカスタマイズされたデモ）を実施してもらうことである。ベンダーによっては、デモのときは適切に機能するように見えても、実際に使い始めると機能しない、ということがある。これは、ベンダーが典型的な使用法を想定したデモは、デモそのものが作り込まれていて、デモを実施する限りでは適切に機能するように見えるように作り込まれているからである。他の利用場面でも、ベンダーの典型的なデモと同様に機能するかはわからないため、ベンダーが作り込んで用意したデモだけを見て「すごい、導入しよう」となるのではなく、自社の実務に合わせたシナリオでも機能するのかを検証する心の余裕を持ちたいところである。

　デモで機能することが確認できたら、次は、RFP（Request for Proposal／提案依頼書）を準備し、複数のベンダーに提案を依頼する。この RFP を準備する過程で、リーガルテック導入にあたって自社が優先する／するべき事項が明確になる。もし、予算上の余裕があれば、この段階で一度社内の IT 部門や社外のコンサルタントの協力を得て、自社の現状・課題（たとえば、現状のワークフロー）および自社の在りたい姿（たとえば、理想的なワークフロー（この部分は自動化したい、など））を明確にしたり、自社の譲れないポイント（たとえば、自社の基幹システムとのシステム連携は必須であるとか、自社の認証システムによるシングルサインオンは必須であるとか）を明確にしておくことをお勧めしたい。リーガルテック導入プロジェクトの過程ではさまざまなことが起こり、

その度に右往左往してしまうと、プロジェクトそのものを完遂することが難しくなることがあるが、RFPを準備する過程で、リーガルテック導入後の在るべき姿の解像度を上げておくことで、軸をぶらすことなく、リーガルテック導入プロジェクトを推進することができる。

RFPに対する提案を比較検討し、候補を絞り込んだら、（ベンダーが提供している限り）無料のトライアルを実施すること、さらには、予算上の余裕があれば、有料でパイロットを実施することをお勧めしたい。自社の実務に沿ったシナリオでデモを見せてもらったとしても、やはり、使ってみると気づくことは多々ある。細かいことであれば、自社の業務フローのほうを調整して（Fit to Standardのアプローチで）、運用で対応することは可能であるが、クリティカルな問題が見つかると、そのリーガルテックは自社では活用できない、あるいは、かえって手間が増えて使われなくなるという場合もある。初期コストが高い自社開発のシステムよりはインパクトが小さいが、それでも、SaaS／サブスクリプションモデルのリーガルテックでは、通常契約期間中の解約は難しいため、導入後にクリティカルな問題が見つかると、契約期間中の利用料をどぶに捨てることになる。

最後に、トライアルやパイロットでクリティカルな問題が見つからなく、自社の課題解決につながると判断できれば、ベンダーと契約することになる。これは、リーガルオペレーションズの問題というよりは、法務の本来業務としての契約法の問題であるが、リーガルテック導入担当者としては、SaaS／サブスクリプション契約の典型的な条項には精通しておきたいところである。リーガルテックを導入する場合、法務部門自体が主管（当事者）となるため、ビジネスサイドの部署が主管となる場合と異なり、どうし

ても客観的な視点を持ちにくくなってしまう。そのために、ベンダーとの交渉が甘くなったり、典型的な契約上のリスクを見落としたりすることがあれば、後に問題が生じた際に面目が立たなくなる。

(2)　リーガルテック導入の予算

　予算の一般論は、予算の項目に譲るとして、ここでは、リーガルテック導入の予算を確保する際のポイントをいくつかご紹介したい。

ア　法務部予算と全社予算とを使い分ける

　通常、日本企業の法務部門の予算は限定的であろう。そのため、リーガルオペレーションズとして確認・整理した課題のすべてを解決するのに必要なテクノロジーをすべてすぐに導入できるほどの予算を有しない法務部門のほうが多いであろう。そうすると、どうしても優先順位を付けざるをえないが、優先順位を付けるのであれば、本番導入が優先されるであろうから、試しに使ってみる（有料パイロットなど）ために予算を振り向けることは難しくなる。

　そこで、試してみていただきたいのが、法務部外の予算、特に全社予算を活用することである。テクノロジーによっては、法務部門だけでなく、ビジネスサイドの部署とともに使うようなものもあるであろう。たとえば、契約のライフサイクル管理（Contract Lifecycle Management／CLM）の製品は、契約の主管となるビジネスサイドの部署と、法務部門（さらには他のコーポレート）がともに使うものである。そうすると、（通常ビジネスサイドの部署のほうが多く予算を確保しているであろうから）ビジネスサイドの部署と課題感を共有できれば、有料パイロットはビジネスサイドの予算で実施する、といったことも可能となる。また、全社的に取り組むべき分野、たとえば、デジタルトランスフォー

メーション（DX）に取り組む日本企業が多い現状では、DXを実現するテクノロジーの導入のための全社予算を確保しているような日本企業もあるであろう。法務部門が全社のDX予算を活用するのは異例かもしれないが、法務の文脈でDXを実現しうるリーガルテックは数多く見られるため、そういったリーガルテックの導入案件では、全社のDX予算の活用を検討してみる価値はあるのではないか。

　　イ　導入済のものを止める際には新規導入の予算確保と同時期に

　予算を減らすのは容易だが、増やすのは容易ではない。そのため、1つのリーガルテックの利用を止めるようなときには、それに合わせて他のテクノロジーを導入するようにして、同水準の予算を確保するように努めるべきであろう。これは、リーガルテックに限った話でなく、たとえば、コロナ禍でリモートワークが進んだことから、法律書籍や雑誌のサブスクリプションサービスが複数誕生した。かかるサブスクリプションサービスを導入することで、従前ほどは書籍や雑誌を買い揃える必要がなくなり、自然と図書費を削減可能になることも想定されるであろう。その場合、図書費の削減分をリーガルテックの予算増加に充てておくことで、法務部門の予算レベルを同水準に保つことが考えられる。

　　ウ　導入効果（コストベネフィット／効率化／パフォーマンス向上など）を数字で示す

　法務のパフォーマンスを定量的に表現することは難しい。もっとも、リーガルテックの導入に資金を投じる以上は、その効果を数字で示すことは必須である。典型的には、リーガルテック導入の効率化効果を定量化し（法務部員の業務時間を年間〇時間減らすことができるから、法務部員の人件費を1時間〇円として…）、リー

ガルテック導入に係る費用との比較で、費用対効果を示すことが考えられるであろう。**ただ、注意したいのは、リーガルテック導入の効果を常に費用対効果で示そうとすることは危険であるということである。**リーガルテックの導入は、自社の法務の在るべき姿を実現するための一種の投資である。つまり、リーガルテックの導入により、単に業務時間を何時間減らすことができるか、と考えるのではなく、リーガルテックの導入により想定されるさまざまな効果を列挙したうえで、それらをできるだけ数値化し、投資に対するリターンと位置付け、リーガルテック導入という投資に対するリターンとして十分かという観点で、リーガルテックの導入効果を考えるようにしたいところである。たとえば、上記のCLMを例に取れば、CLM導入により契約業務の効率が改善されるという側面は費用対効果の問題である。他方で、CLM導入により、これまで各部がばらばらに管理していた契約を1か所に集めたり、契約プロセス全体を見える化することで、契約の全体像が見えるようになるという可視化の効果があるが、これは費用対効果では測れないCLMの価値である。CLM導入により、契約プロセスが標準化されることで、ヒューマンエラーを削減することができ、リーガルリスクの低減につながる。CLM上で整備することができるClause Libraryを有効活用すれば、条項ごとに自社に最適なフォームを蓄積していくことが可能である。Clause Libraryに解説を付記しておき、定期的に新たな知見を足していくような運用とすれば、契約に関するナレッジマネジメントにつながる。何より、自社のストレージをひたすら検索し、過去のサンプルを探す不毛な作業から従業員を開放することができる。（Clause Libraryを誰に開放するかは難しい判断であるが）Clause Libraryをビジネスサイドとも共有すれば、法務に相談せずとも

ある程度自律的にビジネスサイドで契約作成・交渉が可能となり、ビジネスの加速につながる（当然その結果売上増につながる。）。「法務はコストセンター」という考え方からは、精々効率化によるボトムラインの改善しかできないと考えがちであるが、工夫次第では、法務もトップラインの改善に貢献することができる。さらには、CLMにより契約プロセスや契約内容から多くのデータを集めることができるようになるから、その活用もCLM導入の価値である。以上、費用対効果では測れない数多くの効果があり（ものによっては定量化も可能である。）、リーガルテック導入の効果を「効率化＝費用対効果の問題」と先入観を持って捉えるのではなく、柔軟な発想を持ちたいところである。

③　レベル３

　レベル３は、テクノロジーを使いこなす段階である。この段階の具体的なアクションとして、①担当者の設置、②テクノロジーロードマップの作成・運用、③評価・見直し・利用促進および④他部署との連携を挙げている。

（1）　担当者の設置

　実は、当研究会の議論の過程では、担当者の設置をレベル２とするか、レベル３とするか議論があった。上記で説明したレベル２を実現するためには、兼務であれ、リーガルテックの最新動向をフォローし、自社に必要なリーガルテックを導入するプロジェクトを牽引（以下、「テクノロジー関連業務」という。）する担当者が必要となるのではないかという議論がある一方で、現実問題として、（兼務であったとしても）テクノロジー関連業務の担当者を設置できている日本企業は、大企業の中を探しても少数派ではな

いかという議論もあった。そこで、担当者の設置自体は望ましいものの、レベル3と位置付けることとなった。

　　ア　モチベーションの提供

　テクノロジー関連業務の担当者を法務の専門性を要する業務と兼務させる場合、どのようにモチベーションを提供・維持させるかが極めて重要である。特に、主たる業務が法務の専門性を要する業務となる場合、主たる業務が忙しくなれば、テクノロジー関連業務が後回しになる可能性がある。（リーガルテックに限った話ではないが）最新動向をフォローする場合、毎日状況をウォッチして、流れとして把握していくことが重要である。一度後回しにすると、その流れが把握できなくなり、リーガルテックの最新動向をフォローする意義が薄れてきてしまう。そして、最後には、主たる業務の多忙度を理由にリーガルテックの最新動向をフォローしなくなってしまう可能性も否定できない。

　こういった事態を避けるためには、テクノロジー関連業務に時

レベル3
導入したテクノロジーを使いこなす段階

☐テクノロジー導入の担当者を置いている（トップのコミットの表れ）
☐テクノロジー導入の計画やロードマップを定めている
☐導入したテクノロジーを評価・見直している
☐ユーザーが使いこなして効果を出している

＜担当者＞
・モチベーションの提供
・人事評価への反映
・業務経験／知見と多忙度

＜計画／ロードマップ＞
・3-5年のロードマップを作成する
・自社の課題／既存システム／既存システムの更新時期（見直し）／予算手当済のPJ／予算手当未了のPJを色分けする
・絵に描いた餅にならないように要注意

＜評価・見直し／ユーザーBuy-in＞
・ユーザーからFBを得る／ベンダーにFBを伝える
・直近1年間の改善状況を確認する（FBを反映して改善するベンダーは伸びる）
・ユーザーの利用状況を把握する（一部ユーザーのみしか使用していないものでも継続する必要があるものも）
・使用ガイドライン／使い方の共有／トレーニング

＜他部署連携＞
・IT部門と定期的に（四半期に1回程度）情報・意見交換する
・営業部／事業部にも影響があるもの／全社システムとの連携

間を割くインセンティブを提供する必要がある。端的には、下記イで議論する人事評価への反映であるが、組織として法務部門がテクノロジー関連業務をする価値を見出す空気や仕組を作ることも有益である。モチベーションを提供するという観点からは、リーガルテック関連業務を「上からの指示で仕方なく主たる業務の合間に片手間で行う業務」ではなく、「誰もが認める法務部門のエースが担当する、その意味で、誰もがやりたがる業務」にしていかなければならない。

イ　人事評価への反映

上記のとおり、リーガルテック関連業務は、継続することに意味がある。継続的にリーガルテックの最新動向をフォローすることで、トレンドを把握し、今後の方向性を理解し、それを踏まえた自社の取組方針を作っていくことで、時代の一歩先を行く法務部門を作っていくことができる。そのためには、「意欲的な個人の努力により、半ば趣味的にリーガルテックの最新動向をフォローしている」という状態では足りない。継続的にリーガルテックの最新動向をフォローするためには、それ自体をきちんと法務部門の正式な業務と位置付ける、つまり、人事評価の対象とすることが必要である。

その観点からは、リーガルテック関連業務について、具体的には日々何をすることが求められるのか、具体的に取るべきアクションと、（必要に応じて）定期的にリーガルテックの最新動向や個々のプロジェクトの進捗をまとめたレポートを作成するなど、その成果物を明確に定義する必要がある。正式な業務と位置付けるという観点からは、他の業務と同様に、定期的に業務遂行状況をレビューし、上司からフィードバックする機会を設ける必要もある。すなわち、リーガルテック関連業務の担当者の上司も、

リーガルテック関連業務に詳しくなる必要がある（でないと、きちんと業務遂行しているのか、さぼっているのか評価できない。）。つまり、リーガルテック関連業務という新しい業務に組織的に対応するということである。

　ウ　業務経験／知見と多忙度

　リーガルテック関連業務は、最新のリーガルテック情報を入手することだけでなく、テクノロジーの観点から、自社のリーガルオペレーションズを見直すことをも意味する。つまり、本書で議論しているリーガルオペレーションズの8つのコアすべてを理解している必要がある。そのためには、ある程度の業務経験や知見が不可欠となる。そうすると、ある程度の業務年数を経た中間層にリーガルテック関連業務を兼務させるのが最適ということになるが、その層は法務の専門性を要する業務においても最重要戦力であり、業務が集中し、多忙を極めている可能性もある。その多忙度を調整しないままにリーガルテック関連業務という新たな業務を課せば、仮に適切にモチベーションが提供され、人事評価にもポジティブに反映される仕組みとなっていたとしても、物理的に対応不可能となってしまう可能性も否定できない。そこで、組織全体として、彼／彼女が従来担当していた業務（特に恒常的に発生する業務）を分散させて彼／彼女の負担を軽減し、リーガルテック関連業務に時間を割く余裕を意図的に作り出す必要がある。その意味で、担当者を設置することは、「トップのコミットの表れ」と表現されている。

(2)　テクノロジーロードマップの作成

　いくつかのテクノロジーを使いこなして業務を遂行するようになり、ある程度成熟してくると、ロードマップの重要性が高まる。（テクノロジー導入に限った話ではないが）個々のプロジェクトにお

ける計画が大事であることと同様に、自社のテクノロジー全体を見渡した中長期の計画が重要である。すなわち、テクノロジーについても、戦略的にアプローチすることが重要である。

ロードマップを作成する際には、（リーガルテックに限らず）現在自組織が活用しているテクノロジーをすべて書き出して一覧化する。こうすることで、現在どのような業務にどのようなテクノロジーを使っているかが視覚化される（文字通りマッピングして図式化するのも有効である。）。同様に、（オペレーションの改善で解決できるものを除き）現在自組織が抱えている課題をすべて書き出して一覧化する。課題の中には、現在使っているテクノロジーに関する課題（シンプルには使いにくいといったことも）も含まれうる。また、一覧化したテクノロジーについて、自社所有のものについては、減価償却の状況、メンテナンスにかかるコスト、保守期限がいつ切れるかといった情報、SaaS／サブスクリプションのものについては現在の契約期間がいつまでか、更新時に料金がどの程度上がるのか、業者側のアップデートや開発のロードマップ、それぞれのテクノロジーの利用状況といった情報を整理し、テクノロジーの一覧に追加する。これらを総合的に考慮し、たとえば、3年間程度の中期にわたる計画として、優先順位を決め、個々のテクノロジー導入（あるいは、更新）プロジェクトを1つにまとめたロードマップを作成する。テクノロジー導入には予算が必要であるから、あわせて予算手当てについても検討しておくと望ましい。[18]

18　仮に3か年計画とする場合、1年目に実施するプロジェクトは予算手当てが必須であり、2年目についてはある程度予算の目途を付けておくのが望ましい。3年目については、予算手当ては不要である。といったように、予算については実施時期によって考え方は異なるであろう。

ロードマップの期間は、短すぎても、長すぎても効果を発揮しないと思われる。短すぎるとテクノロジー導入の検討が近視眼的で場当たり的になるし、他方で、自社の事業もその置かれている環境も時々刻々と変化するから、ロードマップの期間が長すぎると変化に対応できず硬直的になってしまい、ニーズや課題に合ったテクノロジー導入ができなくなってしまう。

(3) 評価・見直し・利用促進

上記(2)のロードマップの議論に近いが、リーガルテックはSaaS／サブスクリプションモデルのものが多いことを考えると、導入後においても、継続的に評価し、必要に応じて見直すことが重要である。導入時には新進気鋭のスタートアップで、モダンなリーガルテックを提供していたベンダーも、成長に伴って大企業病を患ったり、起業当初の企業理念を見失ったり、主要なエンジニアが抜けて、モダンなリーガルテックが提供できなくなったりするかもしれない。導入したリーガルテックを使った業務に慣れてくると、自社のユーザーも新鮮味が失われてこれらの問題が見えにくくなるかもしれない。リーガルテック関連業務の担当者としては、常に業界の最新動向を確認し、それとの比較で、自社のベンダーが最先端のテクノロジーを提供しているのか、大企業病にかかっていないか、常に自身の見方をリフレッシュするよう努めたいところである。

(SaaS／サブスクリプションモデルのものに限った話ではないが)SaaS／サブスクリプションモデルのリーガルテックについては、導入後も継続的に利用料を支払って利用することから、導入したリーガルテックが継続的に利用され、また、それにより想定した効果を得続けることが何より重要である。その意味で、リーガルテック関連業務の担当者は、ユーザーの利用状況を常に把握し、

ユーザーの利用促進のためにできることがないか、常に考えている必要がある。このことは、実は、SaaS／サブスクリプションモデルのリーガルテックを提供するベンダーにとっても同様である。そのため、最近のベンダーには「カスタマーサクセス」の担当者が置かれている場合が多い。ベンダーのカスタマーサクセス担当者という外部リソースをうまく活用しながら、自社のユーザーの利用を促進し、テクノロジー導入時に期待された効果を継続的に得続けることで、リーガルテック関連業務の真価を発揮することができる[19]。

(4) 他部署との連携

米国を中心に、海外の企業のリーガルオペレーションズのチーム構成を見ると、法務、財経、コンサルティング、エンジニア、データ分析、プロジェクトマネジメント、など、異なる、そして多岐にわたる専門性を持つ専門家集団としてチームが構成されていることが多い。もっとも、日本企業の法務部門で、これらの専門性／バックグラウンドを有する者を採用できるだけの予算上の余裕を持つところはほとんどないであろう。そのため、日本企業におけるリーガルオペレーションズとしては、他部署との連携を通じて、法務部門に足りない専門性を補うことが重要になる。その一例が、IT 部門との協業であり、定期的にコミュニケーションを取ることで、必要なときに協力を得られる関係性を構築しておき、いざリーガルテック導入プロジェクトを進める際には、IT 部門からもプロジェクトメンバーを出してもらい、彼らの専門性を取り込みながらプロジェクトを進められるようにするのが望ましい。

---

19 ベンダーとの付合い方については、前掲・鈴木＝門永『Legal Operations の実践』188頁も参照。

8-3 有意な事例としてはどのようなものがあるか——■ 231

8-3 │ 有意な事例としてはどのようなものがあるか

　業界マップでもさまざまな分類の仕方があり、また、先行研究でもさまざまな分類の仕方が見られるところであるが、究極的には、テクノロジーは他の7つのコアすべてに関係している。そこで、本書では、それぞれのコアごとに、どのようなテクノロジー活用事例があるか、簡単に紹介していく。

1 戦 略〔p.9〕

　法務の戦略策定そのものを支援するリーガルテックは寡聞にして知らないが、間接的に戦略や年度の目標設定・管理に資するテクノロジーはいくつか存在している。

　たとえば、下記2以降の各項目で紹介するテクノロジーは、その活用によりデータを収集し、データから得られるインサイトを提供することで、戦略策定を勘や経験に基づく主観的なものから、データに基づく客観的なものに変容させるのに役立つ。また、契約データのように、ビジネス活動に直結するデータを有効活用すれば、全社の事業戦略のビジネスサイドにおける実行状況を適時に把握しながら、必要な法務支援を行うために柔軟に法務の戦略を見直すなど、法務の戦略と全社の戦略を適時適切に整合させることにもデータを活用することが可能である。

　また、データをビジュアル化するツールは、戦略や目標を説明する資料の作成を支援する。ビジュアル化されたデータは、法務のパフォーマンスを経営に適切に伝えることに利用することができ、法務のプレゼンス向上につながるであろう。同様に、Generative AI の活用が進むと、戦略や目標を説明する資料の作成の生産性を大幅に向上させるのに役立つ（人間は資料の作成と

いった付加価値の低い業務から解放され、戦略策定そのものに集中できるようになる。）。ビジュアル化されたデータをダッシュボード化すれば、（定期的にではなく）常時経営者がビジュアル化されたデータを参照することができるようになり、経営層と法務部門とのコミュニケーションも円滑化されるであろう。

　そして、法務の戦略やパーパスを法務部門内で浸透させるにあたり、いわゆるポータルサイトが役に立つ。法務の戦略やパーパスを誰もがアクセスする／できる場所（ポータルサイト）に掲載しておくことで、法務部員がアクセスしやすくしたり、特にパーパスやミッション・ビジョン・バリューのようなものについては、ポータルサイト内の目立つところに常時掲げておくことで、法務部員の目に触れる機会を増やし、浸透させることに役立つ。

　さらに、（リーガルテックではないが）プロジェクトマネジメントツールを利用することで、法務の活動計画の進捗を適時適切に管理し、進捗に応じて、常時計画の見直しを行うことが可能となる。プロジェクトマネジメントツールを通じてデータの収集も可能であるから、進捗に応じた人事評価も、より客観的かつ正確に行うことができるようになる。

2　予　算〔p.37〕

　法務部門として予算化するのか、ビジネスサイドの部署で予算化するのかは別として、法務関連の予算として大きなものは外部弁護士報酬であろう。外部弁護士報酬については、日本の製品ではないが、いわゆる e-Billing の製品を活用することが一般化しており、日本企業でも利用している企業はある程度あるのではないか。e-Billing の製品を活用することで、案件ごとの予算、支払額、支払額の予算に対する進捗状況、期末における請求見込額、と

いった予算に関連するそれぞれの金額を常時確認できる。また、請求書の確認についても、e-Billing の製品上で、ラインアイテム（１つひとつの業務）ごとに、クライアント企業側で、請求の妥当性を確認し、また、適宜訂正を求めることができる。あらかじめルールを決めておけば、ルールに反する請求は自動的にはじくことができる。また、支払に必要な社内承認のためのワークフローを兼ね備えている製品も多い。国内外を問わず、子会社とともにe-Billing を使用すれば、日本本社において、自社グループ全体の外部弁護士報酬の支出状況を常時把握することができる。請求額・支払額が一定額を超える法律事務所と企業グループ全体としてボリュームディスカウントの交渉をするようなことも可能となる。

③　マネジメント〔p.56〕

近時では、（日本のリーガルテックではないが）エンティティマネジメントの製品の機能が充実してきており、レポーティングラインの管理だけでなく、個社の取締役会等の開催・決議状況の適時の把握や必要に応じたガバナンスの強化に役立てることができるようになってきている。

日本本社において、自社法務部門用のポータルサイトだけでなく、企業グループ全体の法務部門のポータルサイトを用意し、子会社・関連会社とも共有すべき情報をポータルサイトで共有することで、企業グループ全体として法務のパーパスの浸透を図ったり、必要な情報共有を行ったりすることが可能となる。（プライバシー保護の問題がなければ）それぞれの企業の法務部門の構成員の情報をポータルサイトに掲載しておくことで、企業グループ内における人的ネットワークの構築・強化に活用することができる。

234　■──Core 8　テクノロジーの活用

そういった取組みを継続することで、企業グループとしての一体感が生まれ、マネジメントのレベル 3 に位置づけられている「One Team」の実現にも近づくことができる。

4　人　材〔p.89〕

　人材育成の観点からは、e-Learning を活用して、どこでもいつでも新入社員が必要な研修を受けられるようにしたり、研修の修了状況という客観的なデータを参考にしながら、将来の育成計画を策定したり、見直したりすることができる。まだ導入実例を多く見かけるわけではないが、AI を活用して新入社員（特に新人）の教育・育成を行うことも考えられる。たとえば、これまでは、比較的シンプルな契約の契約レビューや交渉を数多くこなすことで、実地で（OJT の中で）自然と契約関連業務に必要なスキルを身につけることができたが、AI が発達すると、シンプルな契約ほど、AI によるレビューで足りてしまい（さらには、AI が毎回同じような契約交渉をすることで予測可能性が高まり、契約交渉上の論点が減り）、新人の貴重な育成の場が失われる可能性がある。企業全体として見れば、契約関連業務の生産性が上がることを意味するため、歓迎すべき事象であるが、法務部門の目線で見れば、新人が育つ 1 つの重要な機会が失われることとなる。そこで、（日本企業における実例はまだあまり見られないが）AI を新人の育成に活用することが考えられる。将棋や囲碁の棋士が、AI との対戦を練習として使って自らの腕を磨くように、今後は、AI と交渉（対戦）することで新人や若手が契約関連業務のスキルを磨いていくことが普通になるかもしれない。

　また、人材についても、個々の法務部員に関するデータを蓄積していくことで、将来の育成計画や人員配置に活用することが考

えられる。その際、複数のシステムやツール内に眠っているデータを掘り起こし、1つに集めて総合的に分析することが望ましいが、（これもリーガルテックに限った話ではないが）データを集める場所として、いわゆるデータレイクを設けることは考えられる。どのようなデータポイントを収集するかは企業のスタンスによるところが大きいが、これまで経験した業務、Off-JTで受けた研修の種類、習得済のスキルなどの人材育成に関わるデータポイントを適時適切に収集する仕組を構築し、それらデータがデータレイク1か所に集まってくる仕組みを作ることで、データに基づき、より客観的な視点で個々の法務部員の育成計画を策定し、また、適時に見直すことができるようになる。

5　業務フロー〔p.118〕

　リーガルオペレーションズの観点からは、法務部員の日常業務はボリュームゾーンであり、その分さまざまな課題を想定したリーガルテック製品が数多く存在している。いくつか例を挙げれば、日本でも数多くの製品が存在し、激戦区となっているe-Signature／電子契約や契約レビュー、海外ではかなり浸透しており、最近日本でも徐々に広まりつつある契約のライフサイクル管理の分野、法務部門への依頼窓口を一本化するツールや、関連して案件管理（案件の進捗管理を含む。）のためのツール、案件で多数発生する文書を管理するためのツール、業務に必要なリサーチのためのツール、などなど、さまざまなリーガルテックが存在している。かかるリーガルテックを活用する中で得られるデータは、それをさらに活用して業務改善につなげたり、必要な人員の拡張を経営層に具申する際に活用したりと、大いに活用の余地がある。

⑥　ナレッジマネジメント〔p.145〕

　ナレッジマネジメントを促進するという観点からは、ナレッジの共有を容易にする必要があり、法務部員が日常業務を淡々とこなしていくだけでナレッジが蓄積され、共有される仕組みを構築すること（そのためのテクノロジーの活用）が考えられる。同様に、ナレッジマネジメントの観点からは、蓄積されたナレッジの活用を促進することも重要であり、ナレッジの再活用を容易にするテクノロジーの活用が模索されている。今後は、ChatGPT に代表される Generative AI をナレッジマネジメントにどう活かしていくかが１つのポイントとなろう。

　ポータルサイトの活用も１つの方法であるが、導入当初はよいものの、ナレッジの共有が進むことで、探す手間が増えて、必要なナレッジに適時適切にアクセスしにくくなる可能性があることには留意が必要であろう。テクノロジーから少し離れてしまうが、ポータルサイト内の交通整理も必要であるし、掲載コンテンツのアップデートも必要となるから、１つの方法論として、ナレッジを管理し、必要に応じてアップデートしていく担当者を置いておくことは考えられる。Generative AI が進化・深化していけばいずれその必要はなくなるかもしれないが、ナレッジの構造化、そして、構造に合わせたシステム化が日本企業の法務部門が取り組むべき当面の課題ではないか。テクノロジーではないが、ナレッジの残し方にも留意が必要であろう。無暗に新しいコンテンツを作り出すのではなく、分野ごとに基礎となるコンテンツを決め、そのコンテンツをアップデートする形でナレッジを蓄積していくと、「これを見れば最新情報がわかる」という状態になるのではないかと思われる。現代は情報に溢れており、誰もが情報の洪水

におぼれそうになりながらもがいている。「読むべき文書を徒に増やさない」という発想も重要であろう。

　また、これは試論であるが（筆者のほうで実例を把握できているわけではないが）、チャットボットをナレッジマネジメントに活用することもできる。Amazonで返品する際のチャットボットを想定すればわかりやすいかもしれないが、法務部外から頻繁に受領する質問（いわゆるFAQ）についてナレッジベース[20]を整備し、それらの質問は基本的にチャットボットが回答し、さらに突っ込んだ相談が必要な場合に法務部門にエスカレーションする、という仕組みを整備している日本企業も相当数あるであろう。これを法務部門内のナレッジマネジメントに応用し、言語化可能なナレッジ（いわゆる形式知）をナレッジベースに収録し、その範囲で法務部員からの質問に回答できるようにすることは考えられる。さらに、回答用とは別のナレッジベース整備用のチャットボットやGenerative AI[21]を用意し、ナレッジベースの整備の生産性向上を図ることも考えられる。

20　チャットボットが適切に機能するように、質問と回答をセットにしたデータベース。チャットボットはナレッジベースの範囲内でしか回答できないため、チャットボットの活用にあたっては、ナレッジベースの整備が重要である。

21　現在のGenerative AIを直接的にナレッジマネジメントに使用することは難しい。Generative AIは、言葉の意味を理解して回答しているわけではないから、形式知化されたナレッジをGenerative AIに覚え込ませ、法務部員からの質問に回答できるようにする、のは必ずしも容易ではない（そのような使い方ができるようには作られていない。）。現時点でナレッジマネジメント、あるいは、法務部員の業務のサポートにGenerative AIを使用するとすれば、①上記のとおり、ナレッジベースの整備の支援に使うか、②むしろ、前例のない法的論点について、ブレインストーミング的に法的リスクを網羅的に検討する、あるいは、議論する（壁打ちの）相手として活用することが考えられる。

238 ■——Core 8 テクノロジーの活用

7 外部リソースの活用 〔p.174〕

　企業の法務部門にとって、主たる外部リソースは法律事務所であるが、e-Billing から得られるデータは、法律事務所との関係性の維持・発展にも活用することが可能である。たとえば、（感覚としてわかるとしても）e-Billing から得られる弁護士報酬の支払状況や案件数のデータから、特定の事務所への依頼の集中を把握し、適宜適切に分散させるようなことも考えられる。

　また、（日本企業の法務部門では、外部弁護士を起用する際に RFP のプロセスまで行っているところは珍しいかもしれないが）近時では、（日本のリーガルテックではないが）外部弁護士起用時の RFP のプロセスをデジタル化したリーガルテックを提供するベンダーも出てきている。RFP のひな形が用意されており、必要な情報をシステム上入力すると、RFP が自動的に作成され、外部弁護士起用のプロセスを開始することができる。各法律事務所からの提案内容の比較の際にも、たとえば、Generative AI を活用して、各提案内容を要約したり、比較検討した表を作成したり、と外部弁護士起用時の RFP のプロセスが円滑に進むようにし、生産性を向上することができるようになっている。

8-5 ｜ 参考文献

　ここでは、上記で参照した文献のうち特に参考になるものおよび上記で参照していない書籍等でリーガルオペレーションズの観点から特に参考になるものを参考文献として挙げる。

① 論文

a．角田望「契約締結後のリスク管理と法務部門――契約ライフサイクルへの関与を考える」NBL1203号（2021）46頁

b．小林一郎「契約実務におけるリーガルテックの活用とその将来展望（上）（下）」NBL1217号（2022）38号、1218号（2022）40頁

c．小林一郎「米国における法律業界の構造改革とリーガルテック・法務 DX（上）（下）」NBL1243号（2023）55頁、1244号（2023）101頁

d．鈴木卓＝齋藤国雄＝吹野加奈「リーガルオペレーションズ（Legal Operations）」日本組織内弁護士協会編『組織内弁護士の実務と研究』（日本評論社、2021）192頁

e．佐々木毅尚ほか・座談会「リーガルテックとこれからの法務組織・企業・社会（上）（下）」NBL1185号（2021）57頁、1187号（2021）41頁

f．須賀千鶴ほか・座談会「法制事務デジタル化の先にある社会、リーガルテック実務の将来像」NBL1226号（2022）58頁

g．佐々木毅尚ほか・座談会「日系企業は海外取引で電子契約を導入できるか？」NBL1178号（2020）14頁

h．増田雅史ほか「民事判決オープンデータ化に関する取組みと判決データの利活用の可能性――各国の状況と日本における現状と展望」NBL1183号（2020）44頁

② 書籍

a．松尾剛行『ChatGPT と法律事務―― AI とリーガルテックがひらく弁護士／法務の未来』（弘文堂、2023）

b．鈴木卓＝門永真紀編著『Legal Operations の実践』（商事法務、2024）

c．佐々木毅尚『リーガルオペレーション革命――リーガルテック導入ガイドライン』（商事法務、2021）

240 ■——Core 8 テクノロジーの活用

Column 海外 CLM 導入記

　弊社では2018年末から米国Ａ社のCLM「Ｘ」を導入している。CLMの導入は業務効率化とデジタル化を目的としたものであり、アジア地域統括会社が旗振り役となり、アジア全域で共通のCLMを導入するという一大プロジェクトであった。これまで、契約審査、ひな形整備、契約書管理等は基本的に各国法務の裁量に任されており、本社や統括会社から業務フローやツールに関して管理・指示されることはほとんどなかったため、本プロジェクトが発表されたとき、日本法務の立場からするとインパクトが大きく、はたして各国のニーズに合うCLMがあるのか半信半疑だったというのが正直なところである。

　CLMの選定はアジア地域統括会社主導で行われた。まずはアジア地域統括会社が有力なCLMベンダーを数社ピックアップし、その後、各国法務でのデモ、トライアルを実施し、各国の意見を集約したうえで最終的に米国拠点のＡ社を選定した。日本法務からのフィードバックとしては、各CLMで機能面の大きな差は見受けられなかったため、導入に向けたカスタマイズや、導入後のサポート体制の観点から、日本に支社・サポート体制があるCLMベンダーを希望したが結局受け入れられず、最終的に他のグループ会社が導入しているという実績およびコスト面を理由にＸが選定されることになった。わずか数か月という短期間で、候補の洗い出しから、各国法務の巻き込み、選定、契約締結までを異例のスピードで成し遂げられた大きな要因は、何といっても当時のアジア地域統括会社ジェネラルカウンセルによる強いリーダーシップによるものだったと思う。各国法務の意見出しや、回答期限はわずか数日で、期日までに回答がない国は統括会社が決めた方法に従わせる、という半ば強引な進め方もあり、各国法務の立場からすると不満もあったが、今思えば、各国の事情や要望をすべて満たすことは当然不可能であり、このような少々強引な方法で集中的に進めたからこそ、商習慣も運用も異なるアジア各国で共通のCLM導入という困難な目標を達成できたと考える。

　CLMベンダー決定後のシステム作り込み、カスタマイズは各国法務に一任された。統括会社やIT部門が積極的な関与はほぼなく、各国法務が直接Ａ社の技術者とやりとりして、あらゆる調整をする必要があった。通常業務をしながら、Ａ社とメールで何度

もやりとりし、また、何度か米国から技術者を呼び寄せ、集中してシステムを作り込んだ。

作り込みにおいて特に意識したのは、初めて契約申請する人でも間違えず簡単に申請できるユーザーフレンドリーなシステムにすることだった。

契約プロセスは大きく、①契約審査、②社内承認、③押印・署名のプロセスに分けられるが、X導入前は、①契約審査はOutlook、②社内承認は一般的な電子回覧システム、③押印・署名は書面に印刷して実施、というように各プロセスで別々のツールを使っていた。そして各ツールは連携していなかったため、プロセスが進むたび、法務部員が前工程の完了を1つひとつ確認する必要があった。また、プロセスごとに細かい手続のルール（たとえば、この契約類型の場合はこの承認者を手動で設定する等）を定めていたため、契約申請者がそれらの細かい手続を熟知できるはずがなく、手続き不備によるサポートに日々多くの労力と時間を割かなければならなかった。迷子契約書（契約書の紛失）の捜索活動に駆り出されることも多々あり、ようやく夕方から本来の法務業務に取りかかれるといった日も少なくなかった。

このような契約手続に関する多くの問題点を解決すべく、さまざまな工夫をしながら導入作業を進めた。具体的には、①システム面では申請フォームには英語と日本語を併記し、案内に従って入力すれば必要な情報が申請フォーマットに反映され、契約類型ごとの承認者が自動で設定できるようにした。②また、通常のマニュアルに加え、じっくりマニュアルを読む時間がない申請者用に「クイックスタートガイド」というすべての手続をシンプルにポイントだけ解説した裏表1枚の簡易版マニュアルを作成した。このスタートガイドの作成により、法務メンバーの契約手続に関する手取り足取りのサポートが不要となり、何より分厚いマニュアルを読む時間がない事業部門からも手元にお守りのように置いていると好評だった。③導入のタイミングも慎重に検討し、社内で一斉に導入すると混乱するおそれがあったため、まずは比較的じっくり業務を進められるコーポレート部門から導入してみて、そこで出てきた問題点を解決したうえで、事業部門に導入した。

これらの取組みの結果、社内でX導入に関する大きな抵抗や反発はなく、むしろこれまでの複雑な契約手続に四苦八苦していた申請者からはシンプルでわかりやすい手続になって助かるとい

う好意的なフィードバックを得られることがほとんどだった。

X導入による最大のメリットは業務の見える化が実現したことである。前述のとおり、導入前は各プロセスが連携されていなかったため、プロセスごとに確認や不備修正に追われた。また、メールベースで契約審査を実施していたため、担当者の退職等により関連メールが消失し、取引先とのトラブル発生時や新規取引開始時に過去の経緯がわからず苦労することもあった。

X導入により、契約審査から社内承認、契約書保管まですべて1つのプラットフォーム上で行えるというシンプルな手続きに変わり、ステータス確認、ドラフトや参考資料の保管、社内のやりとり等、個々の契約に関するあらゆる情報がXに記録され、誰でもすぐに確認できる状態になった。各法務部員が作成したドラフトや判断基準等のノウハウについてもX導入により法務部内で簡単に共有することが可能となった。そしてこれらの変化により契約締結までのリードタイムが圧倒的に短縮され、法務業務全体の効率化が図られた事も忘れてはならない大きなメリットである。

Xを導入したことによるデメリット、特に外国かつ社外のCLMであるXを導入したことによる苦労もいくつかある。

まず、外国企業によるデメリットとしてはサポート体制である。時折システムでエラーが発生することもあり、その場合、まずは法務で問題解決できるか試行錯誤し、解決できない場合は海外のサポートデスクに問い合わせをするのだが、時差や言語の問題から解決までに時間を要することが多く、社内で何度も問い合わせを受けることがあった。そのため、導入当初は一時的にX専門担当者を置いて集中的に対応する必要があった。また、意図しないシステムアップデートも度々行われ、これまで苦労して作り上げたカスタマイズ部分が元に戻ってしまい、社内の運用に影響を及ぼすこともあった。業務効率化の観点からA社にシステムの改修や追加機能の対応を依頼しても、日本独特の契約締結作法や、きめ細やかな運用を目指すこちらの意図がなかなか理解してもらえず、結果的にシステムの都合で要望が通らず、外国CLMベンダーを起用する難しさを痛感する場面も少なくなかった。

また、社内の内製システムではなく社外CLMを導入した事のデメリットとしては、社内システムとの連携・統合が容易ではない事と、将来的な使用に対する不安感である。

X導入前は、締結した契約書の情報はエクセルファイルで管理

し、契約書の PDF ファイルはクラウド上で保管していたのだが、それらの情報・ファイルは未だに X へすべて統合できていない。過去の契約書データが膨大なため、日々の業務をしながらの統合作業は簡単ではなく、後回しになってしまっていることも原因だが、結果的に、X 導入前後で契約書のデータが別々に保管されているという不完全な状態となっている。また、社内の人事システムとの連携ができないため、異動や退職があってもユーザー情報が自動で反映されず、承認者の変更は法務部が申請者からの問い合わせベースで対応せざるをえないことも面倒な点である。

　また、将来的な使用に対する不安という観点だが、導入当初、CLM を提供する会社は多くなく、Ａ社は従業員100人程度のベンチャー企業という存在だったのが、導入から６年経ち、Ａ社の従業員は約５倍となり、最先端の機能を打ち出す CLM を代表する企業となった。このＡ社の急成長により、導入当時の懇切丁寧なサポートはいつの間にかなくなり、システム拡充を理由に自走を求められる運用に変化した。そして、Ａ社から契約更新のタイミングでシステム利用料の大幅な値上げ要請があり、コスト面を疑問視する声が各所から上がる等、将来的な継続使用に対する不安を抱えながら使用していることも事実である。導入に至るまでの大変な苦労、また、導入後６年分の契約情報のすべてがＸ上に保管されている状態のため、CLM の切り替えは決して簡単ではなく、CLM ベンダーの方針転換の影響をダイレクトに受けてしまうという点は見過ごせないデメリットかと思う。

　このとおり、CLM 導入によるメリット・デメリットは時代背景の変化やＡ社や当社の特殊性によるものも多く、この経験談が他の企業の参考となるかはわからない。ただ、導入から約６年経った今思うことは、Ｘの導入は、間違いなく契約にまつわるあらゆる法務業務をラクにしてくれたし、当社における法務業務の効率化を一気に押し進めた最大のターニングポイントだったといえるだろう。

　何か新しいシステムを導入すること、業務の進め方を変えることは、大変な時間、費用、エネルギーが必要で、法務部員として経験する頻度は決して多くはないと思うが、この CLM 導入プロジェクトから学んだことは非常に多く、一法務部員として貴重な財産となっていると感じる。

　日々の法務業務を行う中でも、現状維持や前例踏襲の姿勢では

なく、ネックとなっていること、改善できることは何なのかを常に考え、情報を発信し、協力者を増やし、少しでもよいので小さな一歩を trial and error で進めていくことこそが法務部門の効率的な業務推進や強化の観点からも非常に重要だと考える。

〔外資系企業法務担当者〕

事項索引

——— 英　字 ———

ACC ······························ i, 4, 45
actual target ······················· 20
AI ································· 203
ALSP ······························ 175
BPO ······························· 199
ChatGPT ·························· 176
CLM ·························· 119, 240
CLOC ···············i, 3, 45 ,184, 215
e-Billing ···················· 51, 232
Engagebent Letter ················ 196
HQ ································· 84
ILTA ······························ 215
JILA ······························· i
job tag ···························· 104
KPI ································ 27
LPO ······························· 175
OJT ·························· 92, 111
QCD ······························ 199
『RANGE』························ 157
RFP ······················ 195, 219
stretch target ····················· 20
USLP ······························ 16

——— あ　行 ———

アウトソーシング ················ 96
アドボカシー ····················· 29
在り方研究会報告書 ······· 14, 76, 90, 188
アンケート調査 ··················· 132
暗黙知 ·························· 150

意　図 ·························· 153
インセンティブ ··················· 150
インテグリティ ··················· 26
オフサイトミーティング ············· 21
親会社法務部門 ··················· 70

——— か　行 ———

会社の方針 ······················· 19
外部弁護士事務所 ·················· 174
課題ドリブン ····················· 208
活動計画の進捗 ··················· 23
環　境 ·························· 29
『企業法務革命』············· 14, 30, 189
キャプテンシップ ················· 27
キャリアパス ···············93, 116
業界マップ ······················· 211
共通の価値観 ····················· 59
共同化 ·························· 153
業務フロー ······················· 118
業務別担当制 ····················· 134
クリエーション機能 ··············· 101
グローバルマネジメント ············· 57
契約書
　——の送付 ···················· 121
　——の保管 ···················· 121
契約書モデル ····················· 124
契約書レビュー ··················· 137
契約審査 ················ 118, 148
契約ライフサイクルマネジメント ··· 119
コミュニケーションツール ··········· 127

さ 行

最小有効多様性････････････････ 154
指揮命令系統･･････････････････ 70
『失敗の本質』･････････････････ 10
集中化オペレーション ･･････････ 136
小規模法務部門･･･････････････ 126
冗長性･･･････････････････････ 154
情報のクオリティ ･･････････････ 151
ジョブ型雇用･･････････････････ 94
自律性･･･････････････････････ 154
人　権･･･････････････････････ 29
人材教育予算･････････････････ 108
人事評価 ･････ 23, 86, 103, 107, 167, 226
セールスピッチ･･･････････････ 213
7Sフレームワーク ･･･････････ 58
セレクション･････････････････ 116
戦略法務･････････････････････ 9
『戦略論の原点』･･･････････････ 11
創造的カオス･････････････････ 154
組織別担当制 ････････････････ 134
ソフトウェア ･････････････････ 202
ソフトの4S ･･･････････････････ 59

た 行

対　話･･･････････････････････ 24
縦型レポートライン ･･･････････ 71
『知的創造企業』･･･････････････ 152
チャットボット ･･･････････････ 237
チャンピオン ･････････････････ 218
通年・中途採用者 ････････････ 90
提案依頼書･･･････････････ 195, 219
定量評価･････････････････････ 124
テクノロジーの活用 ･･･････････ 201
テクノロジーロードマップ ･･････ 227
テックドリブン ･･･････････････ 207
デ　モ ･･･････････････････････ 213

な 行

内部統制体制 ････････････････ 69
内面化･･･････････････････････ 153
ナビゲーション機能･･･････････ 101
ナレッジ（とは）･････････････ 146
ナレッジマネジメント ････････ 145
日本型労働慣行 ･･････････････ 95
『ネットポジティブ』･･･････････ 16

は 行

ハードウェア ･････････････････ 201
ハードの3S ･･････････････････ 59
パーパス ･････････････････････ 9
ハイブリッド型レポートライン ･･･ 72
パフォーマンスデータ ･････････ 131
表出化･･･････････････････････ 153
標準化･･･････････････････････ 124
藤井非三四････････････････････ 32
分散型オペレーション ･････････ 136
文書課･･･････････････････････ 89
弁護士費用･･･････････････････ 42
弁護士法72条 ････････････････ 73
法規課･･･････････････････････ 89
法務部門
　――の経営システム ･･･････････ 62
　――の人材･･･････････････ 64, 89
　――の組織構造 ･･･････････････ 61
　――の組織スキル ･････････････ 63
　――の組織文化 ･･････････････ 64
　――のミッション・方針･････････ 18
　――の目標 ･････････････････ 19
　――の役割分担 ･･････････････ 127
法務部門担当者像 ････････････ 106
法務部門長像 ････････････････ 107

ま 行

マッキンゼー ····························· 58
マネジメント ····························· 57
見える化 ························· 124, 139
メラビアンの法則 ····················· 151
メンバーシップ型雇用 ················ 94
モニタリング ···············40, 131, 138

や 行

横型レポートライン ···················· 71
予　算···························37, 108, 116

ら 行

ランダム担当制 ························ 134
『リーガルオペレーション革命』······ 133
リーガル・プロセス・アウトソーシング
　·· 175
リーガルテック ························· 127
リーダーシップ ·························· 28
ルールメイキング ······················ 91
レビュー基準 ··························· 138
連結化 ································· 153
ローテーション ·························· 93

わ 行

『ワイズカンパニー』···················· 156

◎日本版リーガルオペレーションズ研究会　メンバー一覧

（五十音順、敬称略・2024年11月30日現在）

明司雅宏
サントリーホールディングス株式会社 グループガバナンス本部 副本部長 兼 法務部長

川口言子
日本 KFC ホールディングス株式会社 上席執行役員

河野祐一
丸紅株式会社 法務部 部長代理 企画・開発課長

齋藤国雄
LINE ヤフー株式会社 ガバナンスグループ法務統括本部 コーポレート・ガバナンス本部 本部長

佐々木毅尚
NISSHA 株式会社 法務部長

少德彩子
パナソニックホールディングス株式会社 取締役 執行役員 グループ・ゼネラル・カウンセル

鈴木　卓
三菱商事株式会社 法務部 安全保障貿易管理室 統括マネージャー

中川裕一
外資系企業 法務責任者

馬場恵理
サントリーホールディングス株式会社 グループガバナンス本部 法務部 課長

吹野加奈
株式会社 LegalOn Technologies 法務グループ シニアマネージャー

宮本真季
日本ロレアル株式会社　法務部

守田達也
双日株式会社 常務執行役員 CCO 兼 CISO 兼 法務、内部統制統括担当本部長

◎協　力

佐々木英晴氏
パナソニックホールディングス株式会社 コーポレート法務部 部長、兼パナソニックオペレーショナルエクセレンス株式会社 CLO

戦略のための戦術
——CORE8日本の法務部門の場合

2024年12月28日　初版第1刷発行

著　　　者　　日本版リーガルオペレーションズ
　　　　　　　研究会

発 行 者　　石　川　雅　規

発 行 所　　鑫 商 事 法 務
　　　　　　〒103-0027 東京都中央区日本橋3-6-2
　　　　　　TEL 03-6262-6756・FAX 03-6262-6804〔営業〕
　　　　　　TEL 03-6262-6769〔編集〕
　　　　　　https://www.shojihomu.co.jp/

落丁・乱丁本はお取り替えいたします。　印刷／そうめいコミュニケーションプリンティング
©2024 日本版リーガルオペレーションズ研究会　　　Printed in Japan
Shojihomu Co., Ltd.
ISBN978-4-7857-3129-8
＊定価はカバーに表示してあります。

JCOPY ＜出版者著作権管理機構 委託出版物＞
本書の無断複製は著作権法上での例外を除き禁じられています。
複製される場合は、そのつど事前に、出版者著作権管理機構
(電話03-5244-5088、FAX 03-5244-5089、e-mail: info@jcopy.or.jp)
の許諾を得てください。